人口老龄化对住房需求的影响研究

张鸿琴 著

中国金融出版社

责任编辑：吕　楠
责任校对：孙　蕊
责任印制：程　颖

图书在版编目（CIP）数据

人口老龄化对住房需求的影响研究／张鸿琴著．—北京：中国金融出版社，2023.4

ISBN 978-7-5220-1945-1

Ⅰ.①人…　Ⅱ.①张…　Ⅲ.①人口老龄化—影响—住宅—市场需求分析—中国　Ⅳ.①F299.233.5

中国国家版本馆CIP数据核字（2023）第047195号

人口老龄化对住房需求的影响研究
RENKOU LAOLINGHUA DUI ZHUFANG XUQIU DE YINGXIANG YANJIU

出版发行　中国金融出版社
社址　北京市丰台区益泽路2号
市场开发部　(010)66024766，63805472，63439533（传真）
网 上 书 店　www.cfph.cn
(010)66024766，63372837（传真）
读者服务部　(010)66070833，62568380
邮编　100071
经销　新华书店
印刷　北京九州迅驰传媒文化有限公司
尺寸　169毫米×239毫米
印张　10
字数　200千
版次　2023年4月第1版
印次　2023年4月第1次印刷
定价　89.00元
ISBN 978-7-5220-1945-1

摘　要

未来，我国人口老龄化持续加剧的趋势不可避免，住房需求的动力将严重不足，给住房市场将带来前所未有的冲击。厘清我国人口老龄化的变动趋势及其对住房需求的影响，有利于揭示未来住房市场产生危机的原因，为重度人口老龄化社会建立与人口年龄结构相关的住房市场危机预警机制提供理论和政策依据。本书借助队列要素人口预测法探究了我国人口老龄化的特征和变动趋势，并在此基础上运用动态面板、调节效应、中介效应、有调节的中介效应以及动态空间杜宾模型从多维角度研究了人口老龄化对住房需求的影响。主要贡献如下：

1. 提出我国人口老龄化具有"马太效应"特征，探究了我国人口老龄化的时空特征和变动趋势

构建了经济老年抚养能力指数指标，从人口年龄结构不同维度分析了我国人口老龄化具有"三降一频两加速"的变动趋势，呈现出老年人口基数大、增速快以及区域"马太效应"增强的特征。其中，人口迁移促进了区域人口年龄结构老龄化"正马太效应"，增强了区域经济老年抚养能力"负马太效应"。从人口预测结果发现，未来我国人口老龄化的程度将继续加深。三种不同人口总和生育率预测方案下，2030 年前我国的人口规模都将逐渐缩小，人口年龄结构将日益老龄化，劳动力人口将持续减少，并且在 2025 年前后迎来人口老龄化一次小高峰。

2. 构建 OLG 三期家庭生命周期理论模型，实证验证人口老龄化抑制住房需求的影响趋势

运用人口预测结果基于 Mankiw 和 Weil（1989）研究结论，初步分

析了我国人口老龄化对住房需求的抑制作用将不断加深，并且住房市场将在2025年失去需求动力。构建了OLG三期家庭生命周期理论模型和实证模型，论证了人口老龄化对住房需求的抑制性影响，研究结论主要有：老年期的购房可能性要低于成年期；实证研究结果发现，住房需求具有显著的动态性；人口老龄化对数量型住房需求（住房销售套数）和质量型住房需求（住房销售面积）均具有显著的抑制作用，并且对住房销售面积的抑制作用要强于住房销售套数的负面影响。随着人口老龄化的加剧，其对住房需求的抑制作用会越来越大。

3. 揭示了人口老龄化抑制住房需求的作用路径，识别出人口老龄化抑制住房需求的劳动供给和健康挤出中介效应会受到人口生育和人口迁移调节效应的影响

构建了中介效应、调节效应和有调节的中介效应模型，实证检验了我国人口老龄化会通过抑制劳动供给来减少住房需求，会由于增加健康投资来挤出住房需求。并且在人口生育和人口迁移调节作用下，人口老龄化对住房需求的负向作用会被抚平。综合考虑调节效应和中介效应的影响结果发现，人口老龄化对住房需求的劳动供给和健康挤出负向中介效应会由于人口生育和人口迁移调节影响而被熨平。

4. 提出人口老龄化对住房需求的影响具有分异特征，实证研究了人口老龄化对住房需求的多维异质性影响和空间溢出效应

构建了人口老龄化与区域差异、人口老龄化时间和速度差异以及公共服务供给差异的交互项，论证了人口老龄化对住房需求的影响具有多维异质性。研究结论主要有：中部地区的人口老龄化会显著抑制住房需求，东部、西部地区的负面影响则不显著；先进入人口老龄化社会的地区人口老龄化对住房需求的抑制作用，比后进入人口老龄化社会的地区弱；人口老龄化增速快的地区对住房需求的抑制作用，比人口老龄化增速慢的地区强；公共服务供给水平高的地区人口老龄化对住房需求的抑制作用，比公共服务供给水平低的地区小。从空间效应的研究结论来看，周边区域人口老龄化对本地住房需求具有显著的负向空间溢出效应。可见，快速人口老龄化对住房需求的抑制作用更大，提高公共服务供给水

平有利于缓解人口老龄化对住房需求的负面冲击，同时也要注意周边区域人口老龄化对本地住房需求的负面影响。

总之，本书上述研究结论明晰了人口老龄化对住房需求的影响趋势、作用路径和分异特征。更为重要的是，揭示了重度人口老龄化对住房市场的冲击，有利于从多维角度了解人口老龄化影响住房需求的传导路径，有利于针对人口年龄结构变动所引起的住房需求波动做出及时应对和调整，确保住房市场平稳健康运行，对政府制定人口相关政策和房地产调控政策具有重要的理论和政策参考价值。

关键词：人口老龄化　住房需求　人口迁移　人口生育　动态面板模型

目录 CONTENTS

第1章　引　言

1.1　研究背景和意义

1.1.1　研究背景

回顾过去20年，我国住房需求一直在持续上升，其背后的主要动力来自人口红利的驱动。但随着我国人口年龄结构的逐渐老龄化，人口红利开始逐渐消失。人口老龄化时代的到来，将导致住房需求动力不足，住房市场陷入低迷期。本书分别在人口红利和人口老龄化的背景下探讨住房需求的变化。

（1）人口红利背景下的住房需求

据历次人口普查数据显示，1953—2000年，我国人口总规模从5.9亿人增加至12.7亿人，增长了近2.2倍，其中劳动力供给最充足，劳动力人口从3.5亿人增加至8.9亿人，增幅超过总人口增长幅度，达2.5倍。规模庞大的劳动力人口，为经济增长带来了人口红利①，同时也为1998年住房制度改革后的住房市场快速发展打下了基础。1998年住房制度改革前，我国城镇职工的住房实行福利分配制度，主要按照学历、职级、工龄、婚姻以及家庭人数等条件来分配房屋，只需缴纳较低的租金。1998年住房制度改革后，住房由实物分配转变为货币分配，让住房分配市场化和社会化，之前在福利分房期间居民所积攒的大量财富在此期间得到了释放。而伴随着劳动力人口迁移活跃度的增强，我国城镇化的进程也迅速加快。据国家统计局数据显示，2020年我国城镇化率已达到63.9%，城镇人口达9亿人，较2000年增加了近4.4亿人。国内很多城市为吸引人才还出台了一系列优惠政策，甚至还上演了“抢人大战”。城市人口的规模式增加为地区

① 所谓人口红利，是指能创造价值的劳动力人口。

经济发展带来了新动能。城镇新增人口普遍面临着新的就业需求，而持续增加的城镇人口也成为住房需求迅速增长的主要原因。尤其是人口流动比较密集的东南沿海一些大城市，更是出现了“万人摇号，一房难求”的供求失衡现象。由此可以发现，人口红利下充足的劳动力人口所产生的住房刚需是导致住房需求增长的主要原因。

（2）人口老龄化下的住房需求

随着我国人口生育率的下降和人均预期寿命的延长，我国人口年龄结构逐渐老龄化，劳动力人口也呈现下降的趋势。1999 年年底，我国 65 岁及以上老年人口数量达 0.9 亿人，占总人口比例为 7%，已经符合联合国人口老龄化社会的标准。虽然我国进入人口老龄化的时间较晚，但是发展速度非常快。根据《中国统计年鉴》数据显示，2019 年我国 65 岁及以上老年人口数量达到 1.8 亿人，占总人口比例为 12.6%，较 1999 年增长了近 2 倍。而且本书根据近 20 年来老年人口数量数据计算发现，我国人口老龄化的速度处于加速度状态。1999—2019 年，我国 65 岁及以上老年人口数量占总人口比例年均增速达到 3.1%；尤其是 2010 年后的年平均增幅速度更快，基本超过了年平均水平，2019 年甚至达到了 5.9%。按照此增长速度，未来我国老年人口的数量还会继续增加，所占总人口比例也将继续加大。

相比迅速增加的老年人口，我国劳动力人口却在不断下降，将会导致住房需求动力不足。2000 年前，我国总人口的年平均增长率为 1.7%；2000 年后，我国总人口的年平均增长率下降至 0.6%。其中，劳动力人口数量从 2014 年开始出现负增长，并且从 2017 年开始降幅平均保持在 0.4%以上。根据 Mankiw 和 Weil（1989）的研究结论显示，20~40 岁的成年人是住房需求的主体，而老年人口进入老年期住房需求会逐渐下降，进入 40 岁后住房需求年均下降 1%。以国外经验为例，20 世纪 70—80 年代，美国的住房价格上涨了将近 19%~32%。但到 90 年代，房价则开始迅速下跌。美国经济学家认为第二次世界大战后“婴儿潮”一代进入购房期是导致 80 年代住房需求迅速上涨的原因。但随着这批出生人口进入老年期，退出购房期，美国的房价开始下跌。美国现有的历史经验数据给我国的住房市场发出了预警信息。伴随我国快速人口老龄化的步伐和劳动力人口的下降，住房需求市场会陷入低迷期。

在未来人口老龄化日益加剧和住房高自有率的背景下，中国的住房空置率将进一步提高。央行报告显示，2019 年我国城镇居民平均一户家庭拥有 1.5 套住房，住房自有率高达 96%，超出发达国家平均水平 36%。新中国成立70周年之初，国家统计局在统计建筑业发展成就报告中提出，2018年我国城镇人均居住面积已上升至39m^2，比改革开放初期增长了近6倍，已经超过英国、韩国和俄罗斯等多个国家。虽然我国拥有较高的住房自有率，但住房空置率也超出了中国自然空置率。据中国家庭金融调查与研究中心《2017中国城镇住房空置分析》测算，2017年我国住房空置率高达21.4%，高出自然空置率11.6个百分点。未来在人口老龄化日益加剧的背景下，中国的住房需求动力会逐渐降低直至消失，届时住房空置率还可能会进一步提高。

伴随市场经济的不断发展和社会文化交流的日益增多，区域间的联系也越来越密切，人口流动的日益频繁更加剧了区域间人口老龄化和住房需求的不均衡性。本书根据2006—2020年《中国统计年鉴》数据计算人户分离人口数量结果发现，我国各省区的人口迁移模式已基本稳定：东部地区为人口迁入地区，年均人口净迁入量达到509万人；中部、西部地区为人口迁出地区，年均人口净迁出量分别达到433万人和201万人。大量流动人口涌入东部地区，增加了当地的劳动力人口总量和经济发展动力，缓解了当地的人口老龄化程度，促进了当地住房需求的增长。但对于人口迁出的中部、西部地区而言，人口流失导致地区人口养老负担加剧，经济增长动力不足，住房需求下降，形成不利于人口等资源禀赋的聚集，陷入“低人口增长—高养老负担—低住房需求”的恶性循环。

综上所述，人口红利给住房市场带来的增长红利正在逐渐消失，日益严重的人口老龄化对住房需求的冲击成为未来亟须应对和解决的问题。本书选取我国30个省份2005—2019年省级面板数据，借助队列要素人口预测方法探究我国人口老龄化的变动特征和趋势，并在此基础上运用动态面板、调节效应、中介效应以及动态空间杜宾模型从不同角度探究了人口老龄化对住房需求的影响趋势、作用路径和分异特征。本书有利于明确未来重度人口老龄化社会对住房市场的冲击力度和冲击路径，为保障住房市场平稳健康运行提供预警信息。

1.1.2 研究意义

“居者有其屋”“有土斯有财”的观念在我国已根深蒂固，人们早已把房子看作安身立命的重要前提条件，更是家的代名词。而人口及其相关统计学特征作为影响住房需求最重要的因素，在人口老龄化日益加剧的背景下分析人口老龄化对住房需求的影响机理就显得尤为重要。

(1) 理论意义

有利于开拓人口老龄化影响住房需求的研究思路。现有关于人口老龄化对住房需求的研究主要聚焦于历史经验数据对住房需求的影响分析，较少把人口预测数据与对住房需求的影响相结合进行分析。本书在人口预测的基础上，对我国人口总量和人口年龄结构做了深入分析，并在此基础上对人口老龄化影响住房需求的未来趋势进行阶段划分，拓展了人口老龄化影响住房需求研究的时间跨度。

有利于完善人口老龄化影响住房需求的理论体系。以往研究在探究人口年龄结构问题时会把 OLG 模型拓展运用到住房需求函数模型的构建中，但较少就成年期和老年期的住房需求进行对比分析。本书把拓展的三期 OLG 模型运用到家庭生命周期效用函数中，通过对比分析成年期和老年期的住房需求函数来比较二者的住房需求变化，完善了住房需求研究的理论深度。

有利于丰富人口老龄化影响住房需求的研究方法。一是现有研究在梳理人口老龄化现状时多数采用传统统计学方法，本书结合传统统计学方法应用于人口老龄化对住房需求的影响研究中，使研究成果更具精准性。二是现有研究关于影响路径的分析多数采用中介效应模型，本书不仅考虑了中介效应，还考虑了调节效应以及有调节的中介效应模型，使研究结果更全面和完整。

有利于拓宽人口老龄化影响住房需求的研究视角。以往研究对于异质性的分析，多数只考虑了区域差异问题，未对异质性进行深入挖掘。本书在考虑区域异质性的同时，还考虑了人口老龄化时间和速度差异以及公共服务供给差异等问题，完善了住房需求研究的理论体系。

(2) 现实意义

在人口老龄化日趋严重、劳动力人口逐渐减少的背景下，未来住房市场会由于缺乏长期强有力的后劲而陷入低迷期。届时，住房市场会产生大量的空置房，导致出现供过于求的市场失衡状况。因此，本书的现实意义如下：

一是有利于揭示住房市场供需形势的变化趋势。当前房地产市场的高速发展容易给房地产商和居民造成未来仍会持续高涨的假象，导致购房、炒房热仍然存在，扭曲了“房住不炒”的基本定位。本书从理论和实证的角度论证了中国人口老龄化的变动趋势及其对住房需求的负面影响，可以进一步揭示住房市场发生危机的原因是人口老龄化。

二是有利于为建立与人口年龄结构变化相适应的住房政策提供理论依据。未来，我国人口老龄化继续深化的趋势不可避免，如何在此背景下寻找住房市场的均衡稳定发展是当下亟待解决的问题。本书从多维角度分析了人口老龄化影响住房需求的作用路径和分异特征，有利于针对人口年龄结构变动所引起的住房需求波动做出及时应对和调整，建立与人口年龄结构相关的住房市场预警机制。

1.2 国内外相关研究综述

1.2.1 人口老龄化相关研究

(1) 国内外关于人口老龄化成因研究

随着19世纪下半叶西方国家人口生育率、死亡率的持续下降，人口老龄化问题开始陆续在西方国家出现。直到20世纪中叶人口老龄化成为西方学者比较关注的人口学问题。Valaoras (1949) 第一次系统地分析了美国20世纪上半叶人口老龄化的成因。他的研究结果发现，人口出生率下降是影响人口老龄化的主要因素。人口学家J. B. -Pichat (1951) 通过研究法国1776—1950年的人口数据也得出：人口生育率是决定人口老龄化的核心因素。而根据联合国数据记载，法国于1856年进入人口老龄化，是世界上进入人口老龄化最早的国家。因此，上述研究对于早期人口老龄化成因的分析具有非常重要的理论意义。为了应对全球越来越严重的人口老龄化问题，联合国 (1953) 第一次全面地分析了人口老龄化定义、指标和趋势成因等问题。在该书中，把人口老龄化的成因聚焦到人口出生率和人口死亡率上，并通过不同年龄组别的分析得出：如果生育率和死亡率都较低，则老年组和少儿组的比重会相对较高，而中青年组的比重较低；人均预期寿命越高，则死亡率对人口年龄构成的影响就越低。联合国在1973年再版的《人口趋势的决定因素和后果》一书中，提出在人口年龄结构相对稳定的条件下，一段时间内各个年龄组的存活概率对人口年龄结构的构成也具有影响，但人口出生率是人口老龄化的决定性因素。同时指出，任何国家或地区的人口如果长期处于下降趋势，必然会导致人口老龄化，而且人口老龄化的程度会越来越严重。在封闭经济中，决定人口老龄化的主要因素是生育率和死亡率的变动。但在开放经济中，人口迁移和生育率以及死亡率共同构成人口结构变动的三大因素。而其中关于人口迁移的研究理论直到20世纪下半叶才开始呈现逐步增多的趋势。其中，比较著名的有Ravenstein（1885）和Heberle（1938）。Ravenstein（1885）提出的“大多数人希望在物质方面得到改善的欲望”，被看作推力—拉力理论的前身。Heberle（1938）拓展了Ravenstein（1885）的研究。他认为，迁移是由一些力量导致的。这些力量迫使人们由于不满足原居住地的条件而离开原驻地，即推力；这些力量也吸引人们由于一个地方可以满足其需求而搬迁到另一个地方，即拉力。推力—拉力理论模型由于可以很好地从宏观、中观和微观层次高度概括人口迁移的原因，而被学界广泛地运用。联合国在研究人口老龄化问题时，也把迁移作为影响人口老龄化的重要因素。1982年在维也纳召开的老龄问题世界大会上，各国专家一致认为，在一定时期内年轻人口的大量迁出，会导致迁出地的生育率下降，人口老龄化问题逐渐加深。从区域科学研究的角度，西方有很多学者也把人口迁移作为影响区域人口老龄化的主要原因。Table（2012）发现在美国、加拿大或欧洲的一些地区，越来越多的年轻家庭为了就业、教育和新的生活方式而选择外出，主要表现就是区域内学校和图书馆纷纷关闭。Serban（2012）认为，移民在高收入国家被视为可以重新平衡人口年龄结构的途径。在许多欧盟成员国，移民不仅增加了总人口，而且带来了更年轻的劳动力。这些国家将移民的潜力视为解决人口老龄化这一动态问题的重要战略。Newbold（2015）认为，美国部分区域人口迁移趋势的增加导致人口日趋老龄化，年轻劳动力外出务工导致留守老年人口持续增加，造成当地老年人口比例上升。Lee（2015）也提出，如果想把美国的老年抚养比下降0.3个百分点，则需要人口生育率每年增加0.5个百分点，或人口净流入每年增加100万人。而且，随着全球人口的逐步老龄化，人口老龄化问题不再仅仅集中在发达国家。有部分学者也关注了欠发达国家或地区的人口老龄化问题。Nagarajan等（2020）的经验研究发现尽管存在人力资本发展、女性参与劳动力市场和经济增长等共同因素，但欠发达国家人口老龄化的年增长率在很大程度上取决于国际援助（保健和发展）以及不断增加的移民人数超过了工作年龄人口。该实证研究结果表明，欠发达国家人口老龄化出现的原因，一方面取决于国际机构参与支持该国福利制度的程度，另一方面取决于发达国家为吸引欠发达国家的移徙工人以克服其国家人口老龄化问题方面的政策举措。可见，欠发达国家的人口老龄化主要受人口死亡率和人口迁移影响。

随着我国进入人口老龄化社会，国内学者围绕人口老龄化问题的成因分析也越来越多，多数研究认为造成人口老龄化的原因包括计划生育、人口年龄结构和人口迁移等因素。乔晓春和陈卫（1999）梳理新中国成立50年以来人口的发展历程，认为导致我国人口老龄化的根本原因是生育率的下降和人均寿命的延长。他们认为，20世纪70年代初期推行的计划生育政策虽然解决了我国人口过快增长所带来的人口数量问题，但引发了人口生育率长期下降所导致的人口结构问题。我国的总和生育率即每个妇女平均生育子女的数量，从1963年的7.5人下降到1998年的1.8人。与此同时，生育率的持续下降还伴随着预期寿命的延长，最终导致人口老龄化问题显现。宋健（2005）选用五普人口普查数据，按照流动人口的户籍地和常住地分别测算了各地区的人口老龄化程度，结果显示不同归属地所反映出的人口流动问题对于人口老龄化影响程度会产生差异。北上广大城市是人口流入的集聚地，流入人口可以缓解当地的人口老龄化程度；江西、四川、安徽和湖南则是人口流出的集聚区，人口流失则会加剧当地的人口老龄化压力。张航空（2015）采用六普数据分析我国东部、中部、西部人口流动对于人口老龄化的影响。研究结果发现流入人口使东部地区的人口老龄化程度得到缓解，流出人口使得中部、西部地区的人口老龄化程度加剧。王录仓和武荣伟（2016）基于五普和六普人口普查的县域数据，分析发现人口老龄化的首要决定因素是老年人口基数。基期和进入老年期时老年人口的数量决定了当期人口老龄化程度。同时，人口迁移也是影响人口年龄结构的重要因素，并且迁出地对人口老龄化程度的影响要大于迁入地，东部地区的人口流入缓解了当地的人口老龄化程度，而中部、西部地区的人口流出则进一步加深了当地的人口老龄化程度。

同时，国内也有部分学者开始关注区域内的人口老龄化成因问题。李永兰和刘媛（2013）根据历次人口普查数据分析了济南市的人口演变趋势和特征，发现济南市的人口老龄化速度要快于全国平均水平，总体呈上升趋势。并且，各区域间的人口老龄化程度城乡差异较明显。计划生育、生育观念以及经济发展水平等因素导致人口出生率、人口死亡率和人口迁移发生变化，进而影响该区域的人口老龄化水平。易卫华等（2015）运用1990年、2000年和2010年广东省21个地级市的人口老龄化数据，分析发现广东省的人口老龄化水平受区域内人口迁移的影响而发展迟缓。源源不断的年轻流动人口从其他省份和粤西北地区涌入广东省，增加了当地的劳动力人口，减缓了当地的人口老龄化程度。梅林等（2018）运用ArcGIS10.1探索性空间信息技术，采用多元线性回归方法探讨了吉林省1990—

2010年的人口老龄化时空特征，研究发现造成吉林省人口老龄化的首要因素是生育率的下降，关键因素是人口迁移。该文指出1990—2010年，吉林省人口生育率的持续下降并低于全国平均水平，以及人口大量迁出前往东南沿海地区所产生的“东北现象”，是导致人口老龄化的主要原因。胡晓宇和张从青（2018）基于新中国成立初期至2016年的人口数据，得出我国人口老龄化呈起步晚、速度快、区域不均衡的发展特征，并且阐释了前两次“婴儿潮”是造成我国目前人口老龄化的主要原因。吴连霞等（2018）基于我国五普和六普人口普查数据，从空间差异的角度探究了我国人口老龄化省域差异问题，认为人口迁移是决定我国人口老龄化空间分布格局的主要因素。应奎等（2020）选取我国1990—2010年历次人口普查数据，采用空间自相关和冷热点分析方法，构建地理加权回归模型（GWR）结果发现，贵州省人口老龄化空间集聚日趋显著，环境成因是影响各区域人口老龄化程度的因素之一。

（2）国内外关于人口老龄化趋势及后果的研究

随着人口老龄化在全球范围内的逐渐蔓延，很多学者开始把研究视角放到了人口老龄化的趋势及其所带来的经济和社会后果上。国外学者研究人口老龄化的趋势及其后果的成果较多。Clark R. L. 和 Spengler J. J.（1980）估算出1975年世界上主要发达国家65岁及以上的人口比例已经超过14%，达到人口高度老龄化的标准。之后，西方很多学者都对人口老龄化的趋势展开了研究和预测。Games R. G.（1988）研究认为，西方发达国家人口老龄化会在2040年前后达到峰值，随后会开始下降。面对日益严重的人口老龄化问题，联合国在1996年出版的《世界人口展望》一书中公布了从1950年到2020年世界上不同经济发展水平国家65岁及以上老年人口的比重。该预测显示发达地区的人口老龄化程度最高，到2020年人口老龄化会达到18.4%，而世界平均水平也会达到8.9%。而伴随逐渐加快的人口老龄化趋势，全球老年人口的增长速度正在超过年轻人口。国外学者普遍认为老年人口的迅速增长会对社会经济各个领域都产生影响，其中包括劳动力供给、住房和社会保障等。Clark R. L. 和 Spengler J. J.（1980）指出，人口老龄化最严重的经济后果就是导致劳动力资源短缺，劳动参与率下降。Shelton（2008）发现，更高的老年抚养比意味着要支付更多的养老金，对于政府和个人而言都意味着要挤占其他资本投资，从而抑制经济的发展。Ulrich等（2008）使用1970—2004年54个国家的面板数据，发现年龄问题会导致劳动力减少，造成不同经济部门的用工压力，从而给产业结构升级带来阻力。Serban（2012）认为，随着欧盟第二次世界大战后“婴儿潮”一代陆续退休，未来几十年老年人口占总人口的比例将显著增加，从而增添劳动年龄人口的养老负担。Ronald D. Lee（2015）从理论上分析了美国人口老龄化的宏观经济后果。根据美国国家研究委员会关于人口老龄化对宏观经济的长期效应预测，美国到2030年65岁及以上老年人口数量将很多，2050年人口平均预期寿命将达到84.5岁，届时65岁及以上老年人口数量占劳动年龄人口的数量将达到39%。不同于其他发达国家总和生育率仅有1.4%~1.5%，美国的总和生育率近年来还略有上升，达到2.1%。但即便如此，美国“婴儿潮”一代老年人口的增加也会导致该国的消费比例上涨幅度较大。总之，人口老龄化会对美国健康、劳动力、创新、储蓄、社会保障、资本回报率以及财政都造成影响。Jung等（2017）基于内生健康积累的随机一般均衡OLG模型，发现人口老龄化不仅会导致美国医疗支出的大幅增加，而且还会使私人与公共保险的相对规模发生巨大变化。没有可支付医疗法案（ACA）的地区，人口老龄化会导致医疗费用增加40%。人口老龄化对发达国家的影响因各个国家生育率水平的不同而有所差异，但总体而言都具有负向影响。而人口老龄化对于发展中国家的影响也不容忽视。马来西亚作为发展中国家中经济发展速度较快的地区，Rabi（2016）预测马来西亚进入人口老龄化的时间仅仅需要25年。预计到2045年，马来西亚65岁及以上老年人口占总人口比例将达到14%。Nagarajan等（2020）的经验研究证明，欠发达国家的老年人口比例已经明显上升，而且欠发达国家人口老龄化的速度甚至快于发展中国家和发达国家。人口老龄化的另一后果就是导致人们对于健康的重视程度越来越高。学者也开始关注人口老龄化对健康，以及健康投资增加对经济发展的影响。Grossman（1972）把健康看作一种可以不断产出的持久资本。赵忠和侯振刚（2005）认为，对健康的投资会随着年龄的增长而不断加大，投入物质方面的资金必然减少了。

国内学者关于人口老龄化的趋势及后果研究主要聚焦于人口老龄化的预测、趋势及对经济、劳动力和健康等领域的影响。其中，最直接的负面影响就是人口红利逐渐消失，劳动供给持续下降。邬沧萍（1986）早在其出版的《漫谈人口老化》一书中，就概括出发展中国家进入人口老龄化是“未富先老”的表现。因为大多数人认为人口老龄化是发达国家才会出现的问题。而在“未富先老”的背景下，邬沧萍等（2004）又总结出我国人口老龄化的特点为：增速快、数量多和区域差异性大。该研究结论提出我国

20世纪初劳动力供给充足是计划生育前所积累的人口红利。而一旦进入老龄社会，这种人口发展优势就会慢慢消失，劳动力就会出现供给短缺的问题，从而丧失经济发展的人口优势。王德文等（2004）通过理论和实证分析得出，日益严重的人口老龄化会使我国的人口类型由红利型转变为负债型，而此转折点会出现在2015年前后。蔡昉和王美艳（2006）也深入探讨了我国的“未富先老”问题，提出我国在完成人口转变之后即会面临劳动力短缺的问题。该研究通过分析联合国所预测的2030年前的人口数据，发现我国到2015年适龄劳动人口将达到峰值，之后会逐渐出现短缺问题。马忠东等（2010）基于我国三普、四普和五普的人口普查数据以及1995年和2005年的1%人口抽样调查数据，研究发现人口年龄对劳动参与的影响呈现倒“U”形。并且如果倒“U”形的两端，少儿人口和老年人口的比例较重，则会导致社会整体的劳动参与率降低。Rui Mao和Jianwei Xu（2014）基于我国18个省、自治区和直辖市2002—2009年城市级家庭记账调查数据进行了实证分析，研究结果发现老年人在食物、保健和医疗服务上的支出在进入老年期后会大幅增加。在控制了时间和队列效应以及其他社会经济因素后，仍然发现年龄是消费预算分配的一个基本驱动因素。王莹莹和童玉芬（2015）基于五普和六普的人口普查数据采用实证研究的方法得出，人口老龄化是导致劳动力供给减少的主要原因。王金营和戈艳霞（2016）认为，随着人口老龄化程度的不断加深，我国劳动力人口的年龄会逐渐老化。该研究把16~64岁的劳动力人口以30岁和45岁为界限分为低、中、高三个年龄组，劳动力年龄结构会从2010年的“343”结构转变为2050年的“235”结构，这意味着人口老龄化会导致劳动力人口减少，劳动力养老负担加重。周祝平和刘海斌（2016）则通过比较2013年中国、巴西、法国、印度、日本和美国的劳动参与率国际数据，采用年龄标准化方法，发现老年型人口会导致劳动参与率下降。林宝（2020）通过研究17个人口负增长国家的总人口与劳动力供给的关系，结果发现在多数人口呈现负增长的国家，劳动力供给短缺问题也比较严重。而在人口持续负增长，人口老龄化不断加剧的情况下，我国的劳动力供给已经开始下降。随着年龄的增大，健康成为首要关注的问题。王弟海等（2008）在Arrow-Rome生产函数和Grossman效用函数的基础上，运用我国省级面板数据加以实证验证，也得出了与Grossman类似的结论，过多的健康投资会抑制经济增长。在Agénor（2008）的理论基础上，吕娜（2011）研究得到结论，健康投资对于经济发展的影响，会因为经济发展水平的差异而不同，影响也有区别。多数文献认为，经济发达地区或发达国家大量的公共健康投资具有负外部性；而在经济基础较差的地区，如果公共健康支出足够充足，公共健康投资的负外部性可以被抵消。实证分析方面，姚瑶等（2017）使用世界银行和佩恩表1995—2011年100多个国家的面板数据，研究结论是，当政府公共健康投资增加时，会给社会发出行业导向信号，使社会资本更多地流向主导行业，从而对其他物质资本的投资产生基础作用。吕国营等（2019）的分析涉及了人口老龄化、健康投资和经济增长三者关系，发现人口老龄化对经济增长的负向作用会因公共健康投资和私人健康投资的增加而减弱。张鸿琴和王拉娣（2020）研究发现，在人口老龄化背景下，公共健康投资、私人健康投资对产业结构合理化的非线性影响呈现不显著—促进的非单调线性特征，对产业结构高级化的影响则显著呈现为先抑制后促进的"微笑型"特征；并且公共健康投资对产业结构合理化和高级化的影响系数则大于私人健康投资的系数。可见，人口老龄化与劳动力供给呈现显著的负相关关系；而对健康投资则呈现正向影响，并且由于人口老龄化社会健康投资的增加会对经济增长产生一定负效应。

随着人口老龄化程度的加深，很多学者也开始采用人口预测方法估算我国人口老龄化的趋势。郑伟等（2014）在预测我国2010—2100年人口年龄结构数据时，运用分要素预测法结合我国六普数据和联合国人口司《世界人口展望》预测数据，制定了高、中、低不同总和生育率水平下的人口生育方案，研究结果发现未来我国人口总量在2100年前会有适当下降并在可控范围内，人口年龄结构逐渐老龄化并在2064年达到峰值，之后有所回落。并且，该研究利用人口老龄化的预测结果分析了未来对经济发展的影响趋势。翟耀武等（2017）以我国2015年1%人口抽样调查中人口年龄结构数据为基期，采用队列要素人口预测法预测了我国2015—2100年人口老龄化趋势，研究发现我国老年人口将于2053年前后达到峰值。21世纪前半叶我国人口老龄化进入加速期，后半叶则慢慢平缓。都阳（2021）基于122个不同类型国家1990—2005年的人口和经济增长数据从人口老龄化速度视角分析了不同人口老龄化速度对经济发展的差异性影响。该研究结果发现慢速人口老龄化对经济增长的影响不显著，但快速人口老龄化对经济增长的负面影响是不容小觑的。我国的人口老龄化速度已经达到中快速人口老龄化的界限，人口快速老龄化会导致我国经济发展速度减缓，估算到2025年会导致经济增长年均增速放慢1.07%。其中，人口老龄化抑制劳动力市场规模是最为重要的影响机制。

1.2.2 人口老龄化影响住房需求的相关研究

(1) 国外文献研究

20 世纪 60 年代，Campbell 等（1963）、Easternlin（1965）和 Carliner（1973）等学者的研究成果用定性的方法研究了人口年龄结构和住房需求之间的关系。而首次将人口年龄结构和住房需求系统地结合在一起的是 Mankiw 和 Weil（1989）。1970—1980 年，美国的实际房价上涨率从 19%升至 32%。这一发展引起了人们呼吁政府要尽快做出干预，提供更多“经济适用房”以缓解高房价带来的供求不足。而 Mankiw 和 Weil（1989）研究认为，高房价是由于“婴儿潮”一代引起的。20 世纪 50 年代，美国的生育率出现了急剧上升（称为“婴儿潮”），但到了 70 年代生育率开始下降（称为“婴儿低谷”）。而这两次生育率的变动被广泛认为是美国过去 50 年来最重要的人口变化之一。据统计，1957 年“婴儿潮”高峰期，美国有 430 万名婴儿出生。但是到了 1973 年“婴儿低谷”期，婴儿出生数量下降到了 314 万名。他们分析了美国 1970 年的人口普查数据，首次将年龄引入构建住房需求函数模型，发现 20 岁以下的居民对住房的需求非常低，20~35 岁的居民对住房的需求急剧上升，此后持续下降。他们推测在接下来的 20 年里，“婴儿低谷”一代一旦退出购房期，未来住房需求的增长会更加缓慢。届时，实际房价将大幅下跌，很可能会降到比过去 40 年任何时候都低的水平。沿着 Mankiw 和 Weil（1989）的研究思路，很多学者开始关注人口老龄化与住房需求之间的关系，也得出了类似的结论。Ermisch（1996）运用英国的家户数据构建了家户住房需求函数，也发现“婴儿潮”与住房需求有非常重要的关系。20 世纪 80 年代，英国的房价也出现急剧性的上涨，但随后在 90 年代初又出现了大幅下跌。虽然放松金融管制和增加非体力劳动者的实际收入促进了住房需求和价格的上升，但人口年龄结构的变化起到了至关重要的作用。因为 20 世纪 60 年代出生的“婴儿潮”，在 80 年代刚好进入首次购房的黄金年龄。“婴儿潮”进入适龄购房期，才导致 80 年代房价的上涨。而随着 70 年代出生率的下降和 80 年代的持续低生育率，则导致这些适龄购房人口的减少和人口老龄化的持续深化，进而导致 90 年代初的房价下跌。Macfadden（2009）、Chiuri 等（2010）也认为，进入老年期会导致住房需求减少，只是对于老年期抑制住房需求的年龄有所差别。Macfadden（2009）的研究进一步验证了人口数量的增长会促进住房需求。也就是说，当“婴儿潮”一代进入适龄购房期就会促进住房需求的上涨。而当

"婴儿潮"一代进入50岁以后，住房需求则开始减少。Chiuri等（2010）利用15个OECD国家约30万人的60个微观经济调查数据，探索老年人住房所有权的问题。研究发现，60岁以后，老年人的住房拥有率会开始显著下降。然而，这种下降在很大程度上取决于群体效应。如果对群体效应进行调整后，住房拥有率开始下降的年龄会上升至70岁以后。一直到75岁以后，住房需求下降幅度为每年下降一个百分点。之后，部分学者运用美国、日本、英国、荷兰和德国等一些国家的数据也发现住房需求和人口年龄结构存在非常显著的变化关系。而Tiebout（1956）提出的"用脚投票"理论，让人口的流动性和住房的固定性联系起来。Helpman（1998）把人口因素引入Krugman模型，发现房价通过影响劳动力的消费效用进而影响地区的劳动力人口数量。而基于此理论，Vermeulen等（2009）通过分析荷兰的住房数据发现，住房供给量的增加会反过来吸引就业人口。Kari Hamalainen和Petri Böckerman（2004）通过数据统计分析也发现房价是影响人口迁移的重要因素，房价过高会抑制人口迁移。Lee（2015）认为，由于美国近年来的总和生育率上升至2.1%，推测美国人口在未来预期还有增长的趋势，因此认为人口老龄化对美国房价的影响不大。Saita（2016）研究发现，无论是在美国还是在日本，房地产价格与该地区的人口老龄化抚养比均呈负相关关系。Park等（2017）利用1990—2014年韩国6个城市和7个省份的样本数据，实证分析结果发现实际人均*GDP*和抚养比等经济和人口因素对实际房价有显著影响。各地区房价与抚养比呈负相关，与人均生产总值呈正相关。该书预测到2020年韩国房价将下降3%~12%，2030年下降幅度将超过20%。Mariadas等（2020）利用马来西亚1988—2017年的年度时间序列数据，采用自回归分布滞后建模方法的实证研究结果显示，人口总量和货币供应量等变量之间存在长期关系，对房价产生积极影响，而国内生产总值、通货膨胀、利率、股票市场价格和人口老龄化与房价呈负相关。综上可以发现，国外对于人口老龄化对住房需求的研究开始得很早，也得出了很多有借鉴意义的经验。

（2）国内文献研究

相比国外较早地开始研究人口老龄化对住房需求的影响，我国学者的研究起步较晚。主要原因在于我国住房市场化时间较晚，一直到1998年住房制度改革前，我国的住房都实行的是福利分配制度。并且，我国进入人口老龄化的时间为1999年。因此，现有国内研究关于人口老龄化对住房需求的影响研究大多基于1998年住房制度改革后的历史数据和文献研究。现有文献中关于人口老龄化和住房需求的研究主要包括以下几个方面。

一是关于人口老龄化对住房需求影响关系的研究。总体来看，学者都普遍认为人口老龄化会抑制住房需求。李艳双和于树江（2004）较早地在分析廉租房、经济适用房和商品房的住房需求时考虑到了人口年龄结构问题。该研究把人的一生分为青年、中年、老年和生命尽头四个年龄段，得出在不同的年龄段住宅类别会有所转换。虽然该研究在分析住房需求的时候考虑到了年龄分段的因素，但是并没有非常明确地指出人口结构对于住房需求的具体影响。朱喆（2005）首次运用计量方法，通过我国 27 个省份的省级面板数据，基于生命周期理论及 Mankiw 和 Weil（1989）的人口年龄结构—住房需求理论模型，结果发现我国曾经的生育率高峰是住房制度改革后住房需求持续高涨的原因，而当这部分群体向人口老龄化发展，则住房需求会开始下降。哈继铭（2007）也把经济发展包括房价波动的根本原因归结于人口结构的变动。他认为，我国 20 世纪五六十年代高生育率的一代人普遍具有较高的消费率，并且储蓄的倾向也很强。因此，在需求充足而供给短缺的情况下，就很容易造成资产价格上升。但由于生育率的下降，导致需求量也随之下降，资产价格也会随之降低。杨霞和徐邓耀（2011）从理论上分析了人口结构对于住房需求的重要性。老年型社会对于住房面积的要求会发生改变，未来老年公寓会是老年人对房屋结构的新需求。丁洋和郑江淮（2018）基于我国 2005—2015 年的省级面板数据，在“一个家庭只需要一套住房”的基本规律下，构建二次项回归方程发现：当老年人口的数量还较少时，住宅成交套数会持续增加；当 65 岁及以上老年人口数量超过 80%后，住房需求才会逐步减少。邓宏乾等（2019）从理论和实证角度构建三期 OLG 模型，采用系统 GMM 方法分析了人口老龄化影响住房需求的传导机制。他们认为，家庭的代际收入转移和住房制度改革所导致的住房红利是人口老龄化促进住房需求的主要原因。受我国传统家庭文化影响，他们发现家庭中父母的利他主义倾向普遍较高。但当人口老龄化程度超过代际利他主义的收入承受能力时，住房需求就会开始下降。朱琳琳等（2016）基于 CGE 模型，运用 GAMS 软件拟合和预算出人口老龄化会促进住房需求。之后，朱琳琳等（2019）又构建了 OLG-CGE-Multi-Agent 房地产市场模型，通过模拟研究发现，当未全范围发放生育补贴时，住房需求因为人口老龄化问题是增加的，当全范围发放生育补贴时，则是减少的。而未发放生育补贴时，住房需求因为人口老龄化则是先增加再减少。邓宏乾和张雪（2021）基于 2000—2017 年我国 31 个省区的省级层面数据，实证研究结果发现老年人口抚养比与住房价格呈负相关，而人口迁移则会促进住房价格的上升。

二是关于人口老龄化对住房需求影响趋势的研究。陈斌开等（2012）第一次利用人口普查的微观数据进行人口年龄结构与住房需求的实证研究。该研究估算了1999—2025年的人口数据，提出我国人口年龄结构对住房需求影响的组群效应，并且明确了不同组群对住房需求影响的差异性。研究结果发现我国20岁以后的组群住房需求开始上升，直到50岁以后开始下降。据此估算，我国2012年后住房需求会由于老年人口的增加而逐步减少。陈彦斌和陈小亮（2013）根据国内外的历史经验，在城镇化、人口老龄化和家庭规模小型化的背景下，重新估算了我国2013—2100年的住房需求数据，结果发现短期内老年人口数量的增加对我国城镇住房需求的作用依然较小；直到2045年，人口老龄化对住房需求的负面作用才会显现。陈澎（2013）的研究认为，住房需求有长短期之分，短期内以改善型和投资型为主，长期内主要以适婚人群购房的刚需为主。他认为当适婚人群减少后，改善型住房需求将呈现倒“U”形增长趋势，投资型住房需求将持续线性增长。李超等（2015）认为，1980年后出生的“婴儿潮”进入婚育年龄，成为住房刚需主体，是我国2003年以来住房持续高涨的原因；但到2030年后，随着老年人口数量的增加，人口老龄化对住房需求的影响将出现拐点。徐建炜等（2012）基于国际经验和我国经验数据，运用固定效应模型发现老年扶养比上升不会导致房价下跌，这与生命周期理论以及国际经济不符。原因在于中国在计划经济时代，大量产品包括住房都是采用福利分配的方式，导致当时的年轻人积累了额外的储蓄。因此，可以说是1998年房改“风落的利润”在一定程度上促进了住房需求的增长。胡明志等（2015）提出，尽管目前我国并没有因为人口老龄化的问题而导致房价被抑制，但这并不是说两者没有关系，而是因为我国房改红利仍然没有完全消除。待房改红利全部消失后，人口老龄化对住房需求的负面效应就会开始显现。周建军等（2020）认为，在人口老龄化的中期和末期，老年人的住房需求会开始减弱。而这种住房需求的减少主要体现在住房空置率上。进入人口老龄化的中期，老年人代际支持子女购房的需求减少；人口老龄化的末期，老年人由于离世而退出住房市场，也会降低住房需求。综上所述，可以发现总体上学者都认可老年人口数量增加到一定比例会抑制住房需求，负面影响何时显现的时间由于所研究视角的不同也有所差别。总体来看，现有文献中大多都认为人口老龄化会抑制住房需求，而有些研究把目前没有显现的原因归结于人口规模的增长和“房改红利”的余热。当人口红利和房改红利消失殆尽，人口老龄化对住房需求的抑制作用就会逐渐显现。

三是关于人口老龄化对住房需求的影响路径的研究，但目前研究成果并不多。王盛等（2017）使用中介变量三步法，运用70个大中城市的数据验证了产业结构是人口年龄结构和住房需求关系间的中介变量。但其研究对象是房价，而房价只是住房需求的价值表现。周建军等（2020）将研究问题融入了人口问题，采用空间动态面板模型，基于地理、经济和人口三个维度的空间权重矩阵构建了空间计量模型，引入人口老龄化和产业结构升级的交互项，分析发现老年人口数量的增加主要通过产业结构升级与人口老龄化的交互作用，从而对住房需求产生影响。由于我国地域广阔，各个区域间的人口老龄化程度和住房需求水平也参差不齐，因此有部分学者还关注到了人口老龄化对住房需求的异质性分析。刘志平和陈智平（2013）运用1999—2010年中国35个大中城市的房价数据，运用空间计量模型发现城市间房价具有空间传递性。但该研究并未深入分析人口因素对住房需求所产生的空间差异性。朱琳琳等（2019）采用空间杜宾面板模型实证研究了人口老龄化对住房需求的空间效应，研究结果发现住房需求在我国31个省（市区）存在正的空间自相关关系，人口老龄化与住房销售额和住房销售面积均呈负相关。赵放等（2020）通过构建空间杜宾模型和空间面板VaR模型也发现人口老龄化和房价在空间分布上存在不均衡性，且有明显的空间集聚现象。

1.2.3 影响住房需求的其他因素相关研究

学界对住房需求的影响因素研究中，除了关注到人口老龄化问题外，还分析了其他影响住房需求的经济、社会和政策因素。

（1）国内外经济因素影响住房需求的相关研究

国内外关于影响住房需求的经济因素中，收入和就业等因素是学者关注的热点。Stiglitz（1990）认为，如果投资者的预期发生变化，他们相信自己能够在未来以高于预期的价格出售资产，那么资产的当前价格就会上升。但经济基本面因素并不能解释住房价格泡沫问题，因为如果按照预期理论不应该存在价格泡沫问题，这意味着对住房价格泡沫问题的解决已经超出了经济基本面因素的范畴。Mikhed 和 Zemčík 调查了美国的高房价是否与个人收入、人口、房屋租金、股市财富、建筑成本和抵押贷款利率等基本因素相关，结果也得出了类似的结论。而针对国内住房价格持续上涨的情况，国内学者也关注到了收入差距和收入变动对于住房价格和住房负担能力的影响。罗安邦（2014）从收入、物价、房价、利率和人口等方面分析了这些经济基本面因素对住房需求的影响为一种抛物线状态，其开口方向由购房者的风险偏好来决定。张所地和范新英（2015）基于我国35个大中城市1999—2011年的面板数据，研究发现大中城市房价上涨的主要原因是收入拉动所引起的。李春风等（2019，2020）研究发现收入差距对我国住房价格泡沫的影响存在显著的门槛效应，低于门槛值为抑制作用，高于门槛值则为促进作用。张浩和陈立文（2019）选取1995—2017年河北省数据，研究结果发现收入变动对房价收入比的影响不显著。可见，国内外关于收入对于城市住房的影响存在分歧，但二者具有相互关系是可以肯定的。

（2）国内外社会因素影响住房需求的相关研究

住房问题作为保障民生的重要方面，很多学者也关注到了社会因素对于住房需求的影响。除本书所研究的人口老龄化因素外，现有文献还关注到了人口迁移、城镇化和家庭规模小型化等方面对住房需求的影响。国内外学者关于人口迁移对住房需求的影响因国内外各个国家所处环境不同所得出的研究结论也有差异。Saize（2007）的研究发现美国移民会促进住房需求的增加，移民数量每增长1%，城市房租和住房价格也会上涨1%。但Sá（2015）的研究基于英国住房市场则发现移民会抑制住房需求。而基于瑞士移民数据和住房市场的研究，Degen（2017）的研究却得出移民数量每增长1%，住房价格就会上涨2.7%。针对我国住房市场，由于我国不是典型的移民国家，所以多数国内研究把人口迁移对住房需求影响的研究和城镇化问题相结合进行讨论。陆铭等（2014）基于我国地级城市层面数据，发现快速城镇化所导致的外来流动人口占比更高的城市对城市房价的边际影响更大。邹瑾和娄著盛（2018）选取35个城市层面数据，构建静态和动态面板模型的回归结果发现，人口迁移会促进住房价格上涨，而老年抚养比则会抑制住房价格，并且人口迁移的促进作用要大于人口老龄化。林李月等（2020）基于人口迁移相关理论和国际经验，研究发现我国人口迁移在现阶段出现人口回流现象，住房驱动下流动人口有就地、异地城镇化的趋势。李鹏博等（2021）基于人口迁移推力—拉力理论和系统动力学，提出了考虑期望收入、房价、就业和交通等因素的人口迁移重力模型，研究结果发现人口迁移量和住宅价格成反比，即住宅价格越低，人口迁移量越高。

(3) 国内外政策因素影响住房需求的相关研究

影响住房需求政策因素的相关研究主要涉及货币政策和公共服务供给等方面。Kearl 等（1977）运用美国季度数据，验证了货币政策可以影响消费者所拥有的金融资本的价值，进而影响住房需求量。由于我国自 2004 年起，央行几乎每年都会通过上调贷款基准利率来控制住房需求的过快增加。因此，国内学者在研究货币政策对住房需求的影响时多数都聚焦到了利率问题。况伟大（2010）基于 1996—2007 年我国 35 个大中城市层面数据，构建住房市场比较动态均衡模型，研究发现利率政策调整对城市房价变动是无效的。而曾国安和胡钢剑（2018）通过定性理论分析和建立误差修正模型，发现货币政策的历次调整会对住房需求的波动产生影响。

国外公共服务供给对住房需求的影响始于 Tiebout（1956）提出的“用脚投票”理论。该理论认为居民会根据当地公共服务供给的水平来选择迁移地，进而影响当地的住房需求。之后，该理论被广泛应用于分析世界各地居民根据公共品资本化来选择居住地问题。Oates（1969）基于美国纽约、新泽西周边城镇的数据，采用实证研究的方法得出公共服务供给水平提供会促进住房需求的提高。Rosenthal（1999）在研究英国国内税收和房价的关系时，发现在税收保持不变的情况下，公共服务供给会被资本化到住房价格中。Bergantino（2013）选取意大利城市层面交通相关支出数据，在经典的 Tiebout 框架内使用了一个简单的城市政治经济模型，研究了地方政府效率和地方住房市场之间的关系，展示了地方政府效率会通过房屋价值资本化来体现。国内学者在研究公共服务供给对住房的影响时，也基于 Tiebout（1956）提出的“用脚投票”理论。胡洪曙（2007）的研究发现人们在选择居住社区时，会以“用脚投票”的方式来权衡地方公共服务带来的收益和税负成本。周京奎（2008）在研究公共投资规模与住宅溢价效应时，发现公共交通投资对住宅价格有显著影响。范新英和张所地（2015）研究发现，公共资源配置失衡是导致城市间房价分化的重要因素。陈淑云和唐将伟（2017）选取我国 286 个地级市数据，也得出公共服务供给不均等导致其对住房价格的影响存在区域差异性。洪俊杰和倪超军（2020）结合 2017 年全国流动人口动态监测调查数据和 225 个城市层面数据，实证研究结果发现无论是否控制户籍问题，城市公共服务供给对农民工定居选择都有显著的促进作用。

1.2.4 文献述评

通过文献梳理和回顾发现，由于国外人口老龄化和住房市场化的时间较早，因此文献研究起步也较早，并且得出了大量丰富的研究成果。但各个国家由于人口、经济和社会发展水平的不同，人口老龄化对住房需求的理论分析和结果并不能够完全适用。我国的人口老龄化和住房市场化比欧洲国家要晚很多，但发展势头非常迅猛。国内很多学者在国外研究的基础上，运用理论分析和实证研究的方法采用我国的宏微观数据，在人口老龄化对住房需求的影响研究中也做了不少工作，但仍有以下几方面需要完善：

一是现有关于人口老龄化的预测研究成果仍缺乏对住房需求的关注，多数研究只是针对人口数量和人口年龄结构进行预测，现有研究把预测成果运用于住房需求的影响趋势上。然而在人口老龄化日益加剧的背景下，不仅需要探究人口老龄化未来的发展趋势，还需要把研究成果运用到深入分析住房需求的实际问题中，才能及时应对人口老龄化所带来的一系列社会经济影响。

二是现有研究关于 OLG 模型的运用多数集中于模型构建和理论分析，对于生命周期内各决策期的对比研究相对较少。而随着老年人口数量的不断增加和劳动力人口的不断减少，厘清老年人和成年人住房需求的变化，才能从理论上明晰不同生命周期经济人的住房选择问题，进而分析住房市场的宏观需求问题。本书在构建 OLG 三期生命周期理论模型的基础上，对老年期和成年期的住房决策进行了对比分析，验证了老年期住房需求会减少的研究结论。

三是以往学界对人口老龄化影响住房需求作用路径的实证研究较少。关于人口老龄化对住房需求的影响路径在国内文献中被视为一个“黑匣子”。鲜有研究运用实证研究方法论证人口老龄化影响住房需求的作用路径。而采用理论和实证分析相结合的方法无疑能增加研究结果的可靠性，对于深入了解人口老龄化影响住房需求的影响机理具有非常重要的理论和实践意义。本书运用中介效应、调节效应以及有调节的中介效应模型分析人口老龄化影响住房需求的劳动供给和健康挤出中介效应是否会受到人口生育和人口迁移调节作用的影响。有利于通过调整中介变量和调节变量来保障住房市场的健康运行。

四是关于人口老龄化对住房需求异质性的研究不够深入，多数研究仅关注到了区域差异所带来的异质性影响。但造成人口老龄化和住房需求区域差异的深层次原因并未做充分探究。而面对我国区域不平衡的现状，亟待从不同角度来分析人口老龄化对住房需求的异质性影响，才能为人口和住房的均衡发展提供更有指导性的建议。

1.3 技术路线与研究方法

1.3.1 技术路线

结合本书研究内容，技术路线如图 1.1 所示。

第一部分包括第 1 章、第 2 章。第 1 章在分析人口红利和人口老龄化背景下住房需求变化的基础上，分析了研究人口老龄化对住房需求影响的理论和现实意义，并对国内外现有文献进行了系统梳理。第 2 章界定并分析了人口老龄化和住房需求的相关概念和理论，为本书研究奠定相关理论基础，并基于相关文献和理论构建了全文的理论分析框架。

第二部分为第 3 章，主要从时间的角度分析我国人口老龄化的变动，并在此基础上探究了我国人口老龄化的特征，运用队列要素预测法估算了我国 2011—2030 年的人口趋势。

第三部分是本书的核心部分，为第 4 章、第 5 章、第 6 章，分别从人口老龄化对住房需求的影响趋势、作用路径和分异特征三个维度来展开讨论。第 4 章论证了我国人口老龄化对住房需求的影响趋势。本章首先运用人口老龄化的预测数据初步分析了对未来我国住房需求的影响趋势，然后通过构建 OLG 理论模型和动态面板模型采用系统 GMM 方法论证了人口老龄化对住房需求的影响趋势。第 5 章探究了我国人口老龄化对住房需求的作用路径。本章基于人口生育和人口迁移调节视角，运用中介效应、调节效应以及有调节的中介效应模型，识别出人口老龄化对住房需求的劳动供给效应和健康挤出效应。第 6 章分析了我国人口老龄化对住房需求的分异特征。本章首先从区域差异、人口老龄化时间和速度差异以及公共服务供给差异的角度来分析人口老龄化对住房需求的多维异质性影响，然后从空间效应的角度来分析人口老龄化对住房需求的空间溢出效应。

第四部分是对全书的概括、总结和展望，为第 7 章。本部分通过梳理全书的主要工作，凝练出本书的研究结论。同时，依据上述研究结论，对今后的研究方向提出了展望。

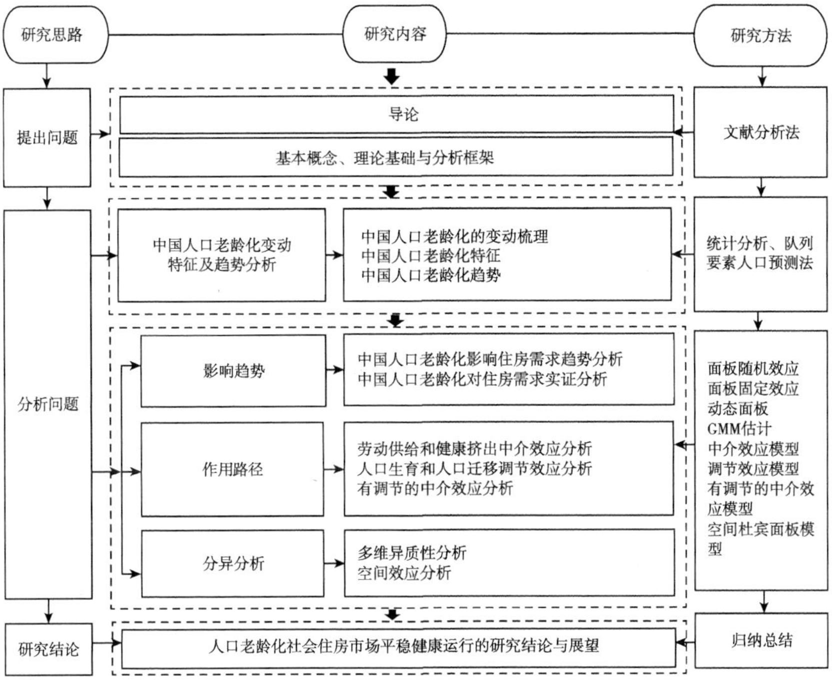

图 1.1 技术路线

1.3.2 研究方法

（1）文献分析法。通过对文献的系统梳理，分析国内外关于人口老龄化和住房需求的研究现状，由表及里，从中发现问题，提炼概念和构建住房需求函数局部均衡理论模型。并通过总结、归纳相关文献，从理论上分析人口老龄化对住房需求的影响机理，初步探讨了人口生育和人口迁移的调节效应，以及劳动供给和健康挤出中介效应。

（2）队列要素人口预测方法。队列要素人口预测方法是预测人口年龄结构最常用的方法。该方法需要选定基础年份数据，通过假定人口的总和生育率、不同性别的预期寿命和迁移模式等参数来预测和估计未来预测时间内人口的年龄结构模式。本书借助 CPPS 人口预测软件选取 2010 年为基期，设定了相关参数，预测了我国 2011—2030 年的人口老龄化趋势。

（3）计量分析方法。动态面板模型：由于前一期的住房需求会影响后一期的住房需求，因此本书在研究人口老龄化对住房需求影响时，构建了动态面板模型，并运用系统 GMM 估计进行了回归分析。中介效应、调节效应、有调节的中介效应模型：本书在研究人口老龄化对住房需求的影响机理时，考虑同时存在调节变量和中介变量的有调节的中介效应模型，采用依次检验法对有人口生育或人口迁移调节的人口老龄化对住房需求的劳动供给效应和健康挤出效应进行检验。空间计量模型：为了考察人口老龄化对住房需求的空间效应，本书在基准模型中加入空间因素构建了空间计量模型，运用 *Moran's I* 检验、LM 检验、LR 检验、Wald 检验和 Hausman 检验等，构建空间计量模型来分析人口老龄化对住房需求的空间效应。

1.4 主要创新点

（1）提出我国人口老龄化具有“马太效应”特征，探究了我国人口老龄化的时空特征和变动趋势

构建了经济老年抚养能力指数指标，从人口年龄结构不同维度深入剖析我国人口老龄化的时间变动趋势，挖掘我国人口老龄化“马太效应”特征。以人口预测为切入点，探究未来我国人口年龄结构的变动趋势。研究成果对人口老龄化的程度预测和住房需求的影响趋势分析有重要实际应用价值。

（2）构建 OLG 三期家庭生命周期理论模型，实证检验了人口老龄化抑制住房需求的影响趋势

运用人口预测结果基于 Mankiw 和 Weil（1989）的研究结论，初步分析了我国人口老龄化抑制住房需求的影响趋势。通过构建 OLG 三期家庭生命周期理论模型和实证模型，借助动态面板模型验证人口老龄化对住房需求的负面影响。研究结论表明人口老龄化对数量型住房需求（住房销售套数）和质量型住房需求（住房销售面积）均具有显著的抑制作用，并且对住房销售面积的抑制作用要强于住房销售套数的负面影响。随着人口老龄化程度的加剧，其对住房需求副作用也将不断加大。

（3）揭示了人口老龄化抑制住房需求的作用路径，识别出人口老龄化抑制住房需求的劳动供给和健康挤出中介效应会受到人口生育和人口迁移调节效应的影响

构建了中介效应、调节效应和有调节的中介效应模型，实证检验了人口老龄化影响住房需求的作用路径。研究结果表明，中国人口老龄化对住房需求具有劳动供给和健康挤出中介效应；人口生育和人口迁移可以抚平中国人口老龄化对住房需求关系的抑制作用；人口老龄化对住房需求的劳

动供给和健康挤出中介效应会受到人口生育和人口迁移的调节。研究结论有利于从作用路径上寻找深度人口老龄化社会应对住房需求动力不足的策略。

(4) 提出人口老龄化对住房需求的影响具有分异特征，实证研究了人口老龄化对住房需求的多维异质性影响和空间溢出效应

构建了人口老龄化与区域差异、人口老龄化时间和速度差异以及公共服务供给差异的交互项，论证了人口老龄化对住房需求的影响具有多维异质性。多维异质性影响研究结论发现中国人口老龄化对住房需求的影响具有显著的区域差异、人口老龄化时间和速度差异以及公共服务供给差异。空间效应回归结果发现周边区域人口老龄化对本地住房需求具有负向的空间溢出效应。研究结论有利于为区域人口和住房均衡发展提供理论和政策依据。

第 2 章　基本概念与理论基础

2.1　基本概念

2.1.1　人口老龄化

人口老龄化已经成为当前世界各国的共同社会问题。本部分从人口老龄化概念、人口老龄化衡量标准、人口老龄化形成原因和人口老龄化分类四个方面来认识人口老龄化问题。

(1) 人口老龄化的概念

人口老龄化国际上通用的翻译为“Population Aging”，是由美国人口学家 Raymond Pearl 在 1940 年提出，是对英文字义的直接翻译，是一个外来词。放眼世界，英语中对于老年人口多翻译为“Aging Population”“Aged Population”“Old Population”或“Elderly Population”，均有老年人口的含义。《现代汉语词典》第 7 版是这样解释“人口老龄化”的，人口总的年龄结构更老。因此，对于人口老龄化概念的解读要侧重两方面，一个是从老年人自身，另一个则是从社会群体。老年人自身的老化是自然规律的必然结果，年龄的增长必然会带来身体各项机能的下降。它具有普遍性和自然性。个体的这些变化反映在社会的变化中就是老年人口在总人口中所占比例不断增加，形成社会群体老龄化。

西方国家由于进入人口老龄化时间早，在不同时期对于老年人口的界定也有所差异。为使全球人口老龄化研究具有统一性，联合国在 1956 年发布的《人口老龄化及其社会经济后果》中规定，如果某国家或某地区人口中，年龄超过 65 岁的人口占比大于 7%，就说明进入人口老龄化阶段。在现有研究中，研究人口老龄化问题时学界也大多采用该标准。本书沿用 1956 年联合国的界定标准，把某一国家或某一地区 65 岁及以上老年人口占总人口占比达到 7%界定为进入人口老龄化社会的界限。按《中国统计年鉴》历年“人口年龄结构和抚养比”一栏中的统计指标，1999 年，我国 65 岁及以上老年人口系数为 6.9%，约等于 7%。而且根据《中国统计年鉴（2000）》中“4-7　各地区人口年龄构成和负担系数”的抽样数据，1999 年 65 岁及以上老年人口比重已经达到 7.63%。虽然此数据为抽样数据，但按 0.976%的抽样比计算，当年的老年人口系数也已经超过了 7%。因此，按照联合国 1956 年人口老龄化的认定标准，我国于 1999 年年底进入了人口老龄化社会。

（2）人口老龄化衡量标准

在现有研究中，关于人口老龄化的衡量指标一般包含以下几种：老年扶养比、老年人口系数、老化指数、年龄中位数和经济老年扶养比。本书结合老年扶养比和经济老年扶养比，定义了新的人口老龄化衡量标准：经济老年扶养能力指数。具体各衡量标准如下：

老年扶养比（Old-age Dependency Ratio，OADR），又称老年负担系数。1913 年，德国学者 K. 巴劳德提出用负担系数来衡量儿童和老年人在人口中的总比重。而现在国际上通用的计算人口老龄化的方法来自联合国在《人口趋势的决定因素和后果》中对于负担系数的算法，就是每 100 名劳动年龄人口（15~64 岁）所承担的抚养老年人口（65 岁及以上的人口）的数量。这一指标的优点在于可以从人口角度衡量劳动力人口抚养老年人口的比例，进而反映人口老龄化给社会经济带来的后果。*OADR* 比值越高，表示劳动力人口抚养老年人口的负担越重。计算老年抚养比的公式为：

$$OADR=\frac{65\text{岁及以上老年人口数量}}{15\sim64\text{岁劳动人口数量}}\times100\% \tag{2.1}$$

老年人口系数（Percentage of Aged 65 years or over，*PA*65）是指老年人口数量（年龄超过 65 岁及以上）在总人口中所占比重。同时，该指标也是衡量一个国家或地区是否达到联合国进入人口老龄化社会的标准。*PA*65 比值越高，表示总人口中老年人口数量越多。相应地，0~14 岁少儿人口占总人口比例称为少儿人口系数（Percentage of Aged 0-14 years，*PA*0-14）；15~64 岁的劳动力人口占总人口比例称为劳动力人口系数（Percentage of Aged 15-64 years，*PA*15-64）。*PA*65 的具体计算公式为：

$$PA65=\frac{65\text{岁及以上老年人口数量}}{\text{总人口数量}}\times100\% \tag{2.2}$$

老化指数（Aging Index，AI），就是老年人口数量与少儿人口数量的比较，是指一个国家或地区老年人口数量与少儿人口数量之比，是衡量该国家或地区人口结构的重要指标。*AI* 可以反映人口年龄结构两端人口的变化幅度，比值越大，表示老年人口的老龄化程度越高。计算公式为：

$$AI=\frac{65\text{岁及以上老年人口数量}}{0\sim14\text{岁少儿人口数量}}\times100\% \tag{2.3}$$

年龄中位数（Median Age，MA）是利用统计学的方法按照人口年龄顺序将人口年龄数据集合分成上下相等的两个部分，取一组年龄数据中位于中间位置的年龄视为年龄中位数。*MA* 越大，表示人口年龄结构越老龄化。依据瑶琳（1983）对于人口年龄中位数的计算公式，可以写为：

$$MA=\text{年龄中位数所在年龄组下限}+\frac{\text{年龄中位数所在前年龄组各年龄组人口合计数}}{\text{年龄中位数所在年龄组的人口数}}\times\text{划分年龄组} \tag{2.4}$$

除了前面讨论的实际年龄测量外，人口老龄化还可以从经济角度来理解和测量。本节采用 NTA（National Transfer Accounts）的概念。NTA 是联合国借鉴人口学和经济学的分析方法，采用劳动参与率或者全生命周期经济行为，基于年龄核算经济流动的综合系统。NTA 的目的是考察经济资源如何通过家庭、政府和市场在不同年龄的个体之间重新分配。其中，经济老年抚养比（Economic Old-age Dependency Ratio，Eco_OADR）是为了捕捉人口与经济之间的相互关系，使用按年龄分列的给定经济中人口、消费和生产的信息，来测算全生命周期内抚养老年人口的经济抚养能力。具体计算公式如下：

$$Eco\_OADR=\frac{\sum_{x=65}^{w}c(x)N(x)}{\sum_{x=0}^{w}y(x)N(x)}\times100\% \tag{2.5}$$

其中，$c(x)$ 表示 65 岁及以上年龄人口的人均消费，$y(x)$ 表示 x 年龄的人均收入，$N(x)$ 表示 x 年龄的总人口数量，w 表示人均预期寿命。本节基于 *OADR* 和 NTA 中 *Eco_OADR* 的测算方法，拓展新的人口老龄化衡量指标经济老年抚养能力指数（the Capacity Index of Economic Old-age Dependency，CIEOAD）。具体计算公式如下：

$$CIEOAD=\frac{\sum_{x=65}^{w}M(x)}{\sum_{x=15}^{64}y(x)N(x)}\times100\% \tag{2.6}$$

其中，$M(x)$ 表示 65 岁及以上老年人口的数量，w 表示人均预期寿命；$y(x)$ 表示 15～64 岁劳动力人口的人均可支配收入，$N(x)$ 表示 15～64 岁劳动人口的数量。经济价值的主要创造者是 15～64 岁的劳动力人口，劳动力人口的人均可支配收入决定了一个地区的经济养老抚养能力。$CIEOAD$ 越高，表示一个地区劳动力人口的经济收入用于抚养老年人口的比例越高，经济抚养能力越弱；$CIEOAD$ 越低，表示一个地区劳动力人口的经济收入用于抚养老年人口的比例越低，经济抚养能力越强。

（3）人口老龄化形成原因

人口老龄化是社会发展到一定阶段的产物，也是人类医疗、健康水平得到提升的结果。通常认为，人口老龄化形成的原因主要为低出生率和人均寿命的提高。但现有文献以及西方人口理论认为，人口迁移也会对人口老龄化产生影响。

19 世纪下半期，随着西方国家工业化和现代化的不断发展，人口出生率、死亡率开始持续下降，导致人口老龄化问题越来越严重。在 Valaoras（1950）所著的《人口老龄化的模式》一书中，通过研究美国 20 世纪上半叶人口老龄化的数据发现，人口出生率下降是影响人口老龄化的主要因素。1973 年，联合国再版的《人口趋势的决定因素和后果》中也强调人口出生率下降是导致人口老龄化的一个最大因素。而人口死亡率是影响人口老龄化的另外一个重要因素。联合国在 1973 年再版的《人口趋势的决定因素和后果》中也得出了相关的研究结论。该书认为，人口死亡率的变动会影响到人口年龄构成。而且，在人的整个生命周期中，死亡率主要发生在婴幼儿期和老年期。研究结果发现，人的预期寿命和死亡率与人口年龄构成有非常重要的影响关系。

但是，从人口年龄构成来看，总人口数量是由 0～14 岁少儿人口数量、15～64 岁劳动力人口数量和 65 岁及以上老年人口数量三部分组成。而且，$PA65$ 是由 65 岁及以上老年人口数量和总人口数量来决定；而 $OADR$ 则是由 65 岁及以上人口数量和 15～64 岁劳动力人口数量来决定。可见，人口老龄化的形成原因不仅仅包括两端老年人口的死亡率和少儿人口的出生率，还包括创造经济价值的中坚力量——劳动力人口。现有研究发现，劳动力人口的迁移也是影响人口老龄化的因素之一。而所谓人口迁移，是指人户分离的现象。鉴于地区间经济和社会发展的联系越来越紧密，人口迁移也日益活跃，大批人口流入经济较发达地区就业和生活。而且，由于流动人口具有低龄和定居的特点，因此人口迁移的主体是劳动力人口。作为人口净迁入地，劳动力人口的流入会增加当地的总人口规模和劳动力人口规模，从而缓解迁入地的人口老龄化；但作为人口迁出地，劳动力人口的流失则会减少迁出地的总人口和劳动力人口规模，从而加剧迁出地的人口老龄化。综上所述，本书认为人口老龄化的形成原因不仅包括低生育率和低死亡率，还包括人口迁移。

（4）人口老龄化分类

1956 年，法国著名人口学家 B. Pichat 出版了《人口老龄化及其社会经济后果》，全面系统地单独研究了人口老龄化问题。他第一次开创性地对人口老龄化可能引发的社会经济问题进行了深入分析，并根据人口年龄阶段的类型规定了进入人口老龄化社会的标准（见表 2. 1）。

表 2. 1　人口老龄化划分标准

指标	年轻型	成年型	老年型
PA65	<4%	4%~7%	>7%
AI	<15%	15%~30%	>30%
MA	<20 岁	20~30 岁	>30 岁

我国拥有 14 亿人口，曾经依靠人口红利获得了经济发展的良好机遇。所谓人口红利，是指能为经济创造价值的就业人口，主要是指 15~64 岁的劳动力人口。但随着人口年龄结构的改变，我国的人口红利正在逐渐消失。判断人口负担轻重最常引用的是陈友华（2005）以 1957 年瑞典生命表数据为依据，以抚养比为衡量指标所划定的人口类型标准（见表 2. 2）。2015 年，国家发展改革委发布的《人口和社会发展报告（2014）》，也以陈友华（2005）的人口类型划分标准为依据，分析了我国当前的人口负担形势。如表 2. 2 所示，该人口类型划分标准把人口类型依据人口抚养比划分为人口红利期、盈余平衡期和人口负债期三个阶段，把人口总抚养比在 53%以内认定为人口红利期，超出 59%即进入人口负债期。

综上所述，本书人口类型划分标准设定如下：以 *PA65* 为划分标准，参照表 2. 1 划分标准，可划分为年轻型社会（低于 4%）、成年型社会（4%~7%）、浅度老年型社会（7%~10%）、中度老年型社会（10%~14%）和重度老年型社会（高于 14%）五个等级；以 *OADR* 为衡量指标，参照表 2. 2 划分标准，可大致划分为人口红利期、盈余平衡期和人口负债期三个时期。依照陈友华（2005）的人口类型划分标准，结合国家发展改革委关于人口类型的划分，将人口红利期和人口负债期细化为强质型、显著型、趋强型和微弱型。

表 2.2　人口类型划分标准

单位：%

人口类型		扶（抚）养比		
		总扶（抚）养比	少儿抚养比	老年扶养比
人口红利期	强质型	<44	<25.5	<18.5
	显著型	44~47	25.5~27	18.5~20
	趋强型	47~50	27~28	20~21.5
	微弱型	50~53	28~30	21.5~23
盈余平衡期	平衡型	53~59	30~33	23~26
人口负债期	微弱型	59~62	33~35	26~28
	趋强型	62~65	35~36	28~29
	显著型	65~68	36~38	29~31
	强质型	>68	>37.5	>31

从人口老龄化的划分阶段来看，依次为人口老龄化初期、加速期、高峰期和稳定期。结合上文人口类型的分类，具体如下：第一，人口老龄化初期，即刚刚达到联合国人口老龄化的标准，进入浅度老年型社会，但还尚处于人口红利期。第二，人口老龄化加速期，老年人口数量迅速增加，劳动人口数量急速下降，进入人口盈余平衡期和中度老年型社会。第三，人口老龄化高峰期，老年人口数量继续增加，劳动力人口数量持续减少，社会养老负担达到峰值，人口红利完全消失，进入人口负债期和重度老年型社会。第四，人口老龄化稳定期。达到人口老龄化高峰期后，人口年龄结构会在此阶段进入相对稳定期，人口负债和重度老年型社会的状况将在各个地区保持一段时期。这意味着人口老龄化会不断加剧，具有持续性和持久性的特征。

2.1.2　住房需求

（1）住房需求的概念

住房需求又称住宅需求，英语多译为“Housing demand”“the Demand for Housing”或“Housing”。在我国古代，对于住房的称谓有很多，按照从高到低的级别有宫、殿、府、邸、宅或室等。而且除这些称呼外，还有舍、厢、寓、院或阁等，均是住房的别称。可以发现，住房自古以来按照等级、用途和面积等划分标准就有很多种分类。而住房需求从经济学属性来讲，按照最终用途可以包括居住消费和投资投机。住房作为商品，它本身既可以作为资本品，也可以作为投资品。但在《现代汉语词典》第7版中对于住房的解释是：供人居住的房屋。从住房的基本功能来看，住房的居住消费属性要大于投资属性。住房作为人们安身立命的场所，其基本功能决定了住房刚性需求的属性和居住的基本功能。虽然从经济学属性来讲，住房还可以作为投资品，但投资并不是住房最主要的功能。如果把住房定位为投资品，那么势必给消费者造成价格越高、回报越高越愿意投资的需求假象，造成住房市场需求不断上涨，价格持续走高的乱象。因此，本书认为应把住房需求定位在居住消费的基本功能上。

结合经济学中关于“需求”的概念，住房需求是指一定时期内消费者愿意并且能够购买到的实际住房数量。由于我国人多地少的现状，以及土地制度的制约，导致住房市场出现了供不应求的状况，很多潜在的住房需求无法得到满足。所以，住房需求从广义上来讲包括已满足的住房需求和未满足的住房需求，从狭义上来讲仅指已满足的住房需求。由于未满足的住房需求无法衡量，因此本书所研究的住房需求是指可以完成交易的已满足的住房需求。

（2）住房需求的类型

人的需求按照马斯洛需求层次理论从低到高的等级划分依次为生理、安全、社交、尊重和自我实现。覃肖响等（2007）根据马斯洛需求层次理论把住房需求分为自住房需求和非住房需求。而从自住房需求来看，人的需求是从满足物质需求到精神需求即从量到质的发展过程。本书重点关注自住房需求即住房居住的功能，可以把其按照需求层次的不同划分为数量型住房需求和质量型住房需求。数量型住房需求代表的是人们为了满足生存所需具备的生理和安全性基本需求的住房刚性需求；而质量型住房需求代表的是在满足数量型住房需求的基础上，对住房条件的改善和提升，比如增大住房面积、调整区位和周边交通条件等。由于住房环境和住房位置等数据的获取尚存在困难，因此本书把质量型住房需求定位到住房面积上。

（3）住房需求衡量标准

由于供给量和需求量变动最直接的反映就是价格的变动。因此，在现有研究中，有很多学者运用商品房住宅价格来衡量住房需求。虽然商品的均衡价格是由商品的供给量和需求量所决定的，但是住房作为一项建设周期长、耗资巨大的商品，市场受供给方的影响明显具有滞后性。因此，房价受住房需求量的影响更为显著。麦肯泽等（2009）也指出，住房需求应该从住房总需求和住房构成两个角度去分析。住房总需求是指房地产市场中所需住房单元的总体数量，住房构成是指住房的面积大小、房屋建成时长、区位、环境以及是否为租赁等。他们把住房需求细化到了住房的数量和质量上。从需求的功能来讲，住房的数量型需求要优于质量型需求。因此，本书结合麦肯泽等（2009）对住房需求的理解，以及前文对于住房需求类型的划分，从数量型住房需求和质量型住房需求两个方面来具体衡量住房需求问题。结合《中国统计年鉴》中“房地产开发企业住宅销售套数”和“住房商品房销售面积”的数据，本书把数量型住房需求定位为住房销售套数（以下简称 Unit），把质量型住房需求定位为住房销售面积（以下简称 Area）。

2.2　理论基础

2.2.1　人口转变理论

人口转变理论是一种根据社会经济现状分析人口发展过程及其规律的人口理论。20 世纪初，人口转变理论产生于西方工业社会。在西方工业化进程的发展过程中，欧洲国家开始出现持续的低生育率（又称出生率）和低死亡率，人口自然增长率保持在一个较低的平台期。19 世纪初，法国的人口生育率为 32%，死亡率为 27.8%；但到 19 世纪末，法国的人口生育率下降至 22.1%，死亡率也下降至 21.4%。较低的人口生育率和人口死亡率导致 19 世纪末法国的人口自然增长率接近于零，仅有 0.7%。据联合国数据统计显示，法国于 1865 年进入人口老龄化社会，是世界上最早进入人口老龄化的国家。瑞典和挪威，英国和德国等国家之后也出现类似低生育率和低死亡率的情形，相继在 1890 年和 1930 年也进入了人口老龄化国家。

根据马尔萨斯（1992）的人口理论基本论断，人口会伴随生活资料生产的增加而增长，并且人口增长的速度会超过生活资料增长的速度。但 19 世纪末工业经济的快速发展没有带来人口的迅速增长，随之而来的是人口的低速增长。人口发展的新状况引发西方很多学者开始探索人口发展的新理论，人口转变理论应运而生。人口转变理论的研究者很多，代表性学者有三个：Adolphe Landry、Warren Thompson 和 Notestein。1909 年，法国人口学家 Adolphe Landry 根据欧洲尤其是法国的人口变化规律，把社会人口发展阶段总结为原始、中期和现代三个阶段。Thompson（1929）以 1908—1927

年世界各国人口数据为样本，试图将三阶段论扩展至世界各国。因而，两位学者被看作人口转变理论的奠基人。美国人口学家 Notestein 等（1945）第二次世界大战后在 Thompson 研究结论的基础上，通过分析死亡率的变化规律，首次提出了“人口转变”一词，并在 Thompson 三阶段人口理论的基础上加以拓展，形成了最为经典的三阶段人口转变模型。总的来说，人口转变理论把人口再生产模式解释为由原始阶段、过渡阶段向现代阶段转化和演变的过程，为研究人口发展问题开辟了一个新途径。

西方人口转变理论模型均与人口发展阶段息息相关，以阶段作为划分标准，包括三阶段模型、四阶段模型和五阶段模型三种。比较经典的是 Notestein 等（1945）在 1845 年提出的 F. W. 诺特斯坦三阶段、三类型模型。该模型与 Thompson 所提出的三阶段、三类型模型类似，但是对于死亡率和生育率从高到低的转变过程刻画得更为明显（见图 2. 1）。并且，Notestein 等（1945）在分析人口变动问题时，也强调必须考虑社会经济发展的变动问题。综上所述，可以发现人口生育率和人口死亡率由高水平转变到低水平是人口发展的必然。在低生育率和低死亡率的推动下，人口年龄结构也随之发生变化，导致人口老龄化问题出现。

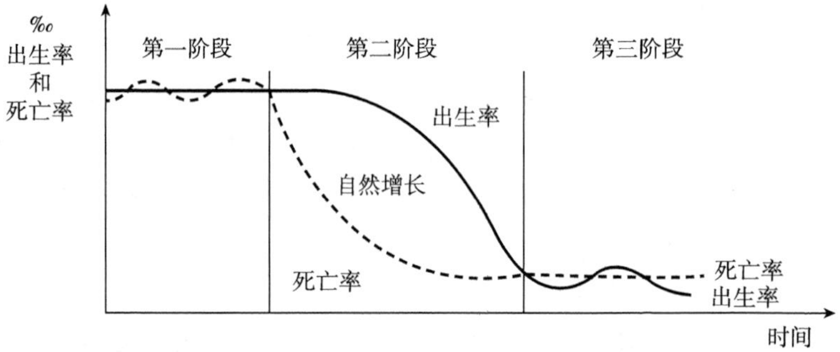

图 2. 1　F. W. 诺特斯坦三阶段、三类型模型

相比人口低死亡率，人口低生育率对于人口老龄化影响更大。Valaoras（1949）、Clark R. L. 和 Spengler J. J.（1980）在分析美国和法国人口老龄化问题时，都得出生育率下降是影响人口老龄化最主要的原因。1973 年，联合国在再版的《人口趋势的决定因素和后果》中，也强调了生育率下降是人口老龄化过程中的决定性因素。而人口老龄化对社会经济，特别是住房需求的影响将在后续章节人口老龄化的影响理论分析中进一步探讨。

2.2.2　现代西方迁移理论

人类一直有迁移的倾向，这可以说是人类的一个显著特征，但一直未形成系统的迁移理论。1662 年，英国著名人口学家 Grant 在其出版的著作《关于死亡表的自然的和政治的观察》一书中，首次用人口统计学方法基于当时死亡数据总结了各个年龄段的死亡规律，并把生育率、死亡率和人口迁移作为影响人口内在变动的因素。正是由于人口生育率、死亡率和人口迁移的变化，导致人口年龄结构和人口总量发生变动，造成人口转变的发生。直到 19 世纪末，Ravenstein（1885）注意到了人口迁移问题，该研究被学界广泛认为是对现代迁移理论的一个开创性的贡献。本部分将围绕影响人口老龄化及其经济社会后果的相关迁移行为理论展开探讨。

从迁移群体的年龄来看，迁移倾向最强的是 20～30 岁的劳动力人口。D. Thomas 的研究最先得出这个结论，并且该结论也被世界各地的历史经验数据得到了证实。对于迁出地而言，20～30 岁劳动力人口的迁出，直接影响是导致迁出地的劳动力人口减少，间接影响是降低迁出地的人口生育率，从而导致迁出地的老年抚养比上升；对于迁入地而言，20～30 岁劳动力人口的迁入，直接影响是增加迁入地的劳动力人口，间接影响是提高迁入地的人口生育率，从而降低迁入地的老年抚养比。虽然劳动力人口的迁移在一定程度上影响了迁入地和迁出地的人口老龄化程度，但是是否会影响迁入地和迁出地的人口生育水平还需要由流动人口是否选择定居在当地来决定。

现代西方迁移理论中，关于迁移的非经济理论其中最著名的是推力—拉力理论。Ravenstein（1885）提出“大多数人希望在物质方面得到改善的欲望”，被看作推力—拉力理论的前身，但是只涉及拉力模式。而真正提出推力—拉力理论的是 Heberle（1938）。他认为，迁移是由一些力量导致的。这些力量迫使人们由于不满足原居住地的条件而离开原驻地，即推力；这些力量也吸引人们由于一个地方可以满足其需求而搬迁到另一个地方，即拉力。推力—拉力理论模型由于可以很好地从宏观、中观和微观层次高度概括人口迁移的原因而被学界广泛的运用。那么，人口在迁入和迁出的过程中势必影响迁入地和迁出地的老年扶养比。

关于迁移的经济理论，潜在迁移者寻求经济收益最大化是导致产生迁移行为的最主要原因。现代迁移理论中的经济收益最大化模型是在 T. W. 舒尔茨（1961）提出的人力资本理论模型基础上，运用成本—收益模型完成。该模型认为迁移者的迁移行为本身会产生资金成本和社会成本。而作为投资的迁移行为同时也会产生个人收益和社会受益。只有成本和收益达到平衡时，对于迁移者而言才能获得收益。同时，也只有在获得收益的前提下，潜在迁移者才会选择迁移。1965 年，J. 沃尔伯特提出的地方效用理论进一步分析了迁移决策问题。他认为，如果迁移行为合乎人的经济理性并且能够满足人效用最大的愿望，那么就会有迁移行为。从这个角度看，迁移是动态的，是一个不断变化的过程。因此，随着迁移的不断变化，对迁入地和迁出地人口老龄化程度的影响过程也是一个动态演变的过程。李竞能（2004）认为，在封闭经济中，影响人口内在变动的主要因素为生育率和死亡率；但在开放经济下，除生育率和死亡率外，人口迁移也是影响人口内在变动的因素之一。人口的生育和迁入可以导致一个地区的人口增加；人口的死亡和迁出也可以减少一个地区的人口。因此，人口迁移也是改变人口结构和规模的一个重要因素。

2.2.3 生命周期消费理论

生命周期消费理论的提出者是美国经济学家 F. Modigliani（1954）。该理论通常把一个人的生命周期划分为幼年求学时期、成年时期和老年时期。幼年求学时期没有工作、没有收入，因此消费主要由父母负担，负债生活。成年时期也可称为壮年或中年阶段，此时期参加工作并获得较多收入，随着收入的增加，收入会大于消费，财富逐渐积累，有能力偿还幼年时债务，同时还要满足当下的消费支出，并留有结余以备养老。老年时期，退休引起收入来源减少，甚至无收入，又会出现消费超过收入的情况，形成负储蓄状态。因此，F. Modigliani（1954）认为，人总体生命周期的消费方式取决于其劳动期间的综合收入。则生命周期理论可用下列公式来表示：

$$C = aWR + cYL \tag{2.7}$$

其中，a 代表财富的边际消费倾向；WR 代表实际财富；c 代表工作收入边际消费倾向；YL 则代表工作收入。

图 2.2 显示了生命周期理论所描述的幼年求学时期、成年时期以及老年时期三个生命周期阶段的收入储蓄情况。从三个生命周期阶段的收入来看，人的一生收入经历了从无到有，再逐渐降低的倒“U”形曲线过程。按照凯恩斯绝对收入假说，一个人的消费支出只与当期收入相关，则是不科学的。对于个人来讲，消费存在于整个生命周期。在幼年时期，消费主要通过父母给养，实际上是一种借贷行为；成年有工作收入后，消费不仅要满足当期消费需求，同时还要孕育小孩以及赡养老人；老年期，收入下

降，储蓄降低，消费支出会不断增加。

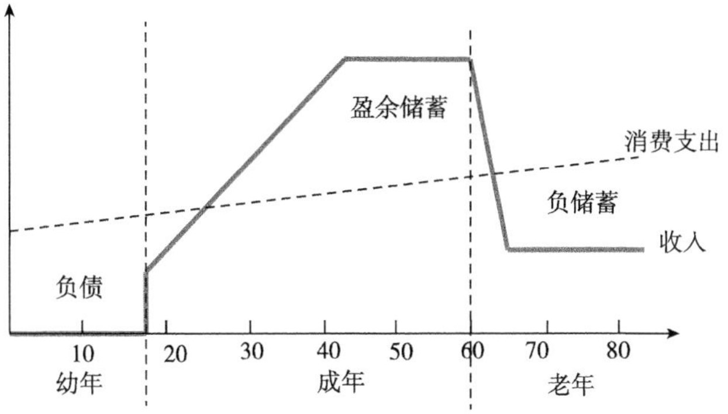

图 2.2　生命周期消费理论

2.2.4　房地产供求理论

西方经济学中，市场的供求理论同样可以运用于房地产市场。房地产市场中，影响住房价格的因素主要包括住房需求和住房供给两个方面。住房不同于其他经济商品，其建设周期较长。假如住房需求突然增加，开发商也很难在短期内获得土地、取得许可文件、融资并投资建设进入市场出售。按照不动产经济学的基本原理，假设土地供给在短期内是不变的。在短期内，住房供给可以用住房单元数量和住房单元质量来进行分析。按照麦肯泽（2009）对于住房供给的估算方法，住房供给既包括上年末的存量住房，也包括当年的新增住房。而从供给端的角度来看，在有限的土地资源下，由于土地供给在短期内是不变的，面对不断增长的住房需求，必然会导致住房的建筑成本增加，从而导致住房价格上涨。

为使分析更加明晰，图 2.3 绘制了住房市场供求关系均衡图。在短期内，假定土地供给固定不变，因此住房供给曲线是一条垂直于横轴的直线，表示短期内现存住房。如图 2.3（a）所示，横轴代表住房的存量 K，纵轴代表住房的价格 P，垂直于横轴的直线 S 表示住房供给不随住房需求的变化而变化。基于前文定位住房为居住消费类商品，根据经济学一般供求定理，需求和价格呈反向变动关系。那么，居民的住房需求曲线用向右下方倾斜的曲线 D 表示，D_0 和 D_1 表示居民不同的住房需求。当住房需求曲线处于 D_0 水平时，住房市场的均衡点为 E_0，住房价格为 P_0；当住房需求上升，住房需求曲线由 D_0 向右移至 D_1，住房市场形成新的均衡点 E_1，住房价格上升至 P_1。可见，短期内如果住房供给不变，住房市场的均衡价格是由住房需求曲线的位置来决定的。

长期内，一旦房地产企业通过了土地开发审批手续，获得了融资、建筑许可并完成建设，住房供给就会增加。如图 2.3（b）所示，横轴表示住房的投资量 I，纵轴表示住房的价格 P。当长期内住房投资增加时，住房投资量就会由 I_0 向右移至 I_1。而住房投资量之所以会增加，主要是由于不断上涨的住房需求导致住房价格上升，给房地产开发商释放了预期收益信号。因此，房地产开发商会不断地增加住房投资来适应上涨的住房需求，从而使投资收益最大化。如果住房投资增加后，住房需求还保持在原来的水平，则会产生额外的住房库存。

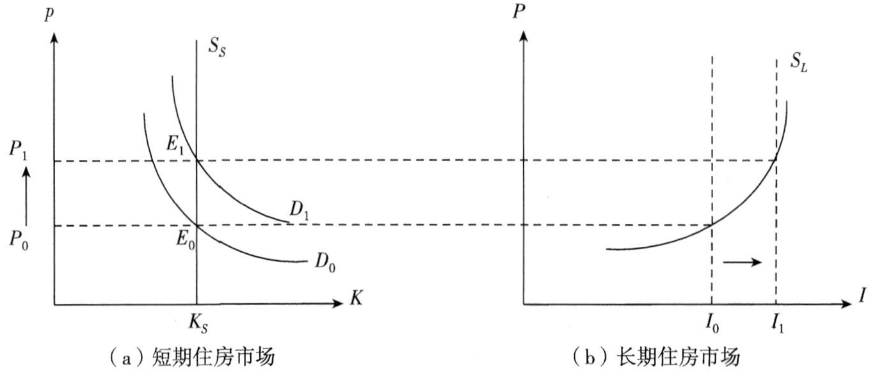

图 2.3　住房市场供求关系均衡图

由房地产市场供求理论可以发现，住房市场的均衡价格是由住房需求曲线的位置来决定的。而决定住房需求曲线位置的因素包括人口、财富、投资偏好、住房收益和其他收益等。麦肯泽（2009）研究发现，人口是影响住房需求增加的最重要的因素。因为从住房的基本功能来看，是为人提供居所。人口规模的增加会导致住房需求增加。如图 2.3（a）所示，人口规模的增加会导致住房需求曲线由 D_0 向右移至 D_1。而人口因素对住房需求的影响，不仅有人口规模，还包括人口年龄构成等其他人口统计特征。最早把人口因素与住房需求建立理论模型的是 Mankiw 和 Weil（1989）。他们通过估计 1970 年人口普查数据的横断面支出方程，把家庭对住房的需求作为其成员住房需求的附加函数来建模，模型如下：

$$D = \sum_{J=1}^{N} D_j \tag{2.8}$$

其中，D_j 表示第 j 个家庭成员的住房需求，N 表示家庭成员数，D 代表住房需求是家庭中所有成员的需求总和。为使分析更为精准，他们把实际人均住房支出直接与年龄挂钩，认为每个人对住房的需求实际上是年龄的函数，允许每个年龄都有自己的住房需求函数，这样每个个体的需求函数为：

$$D_j = \alpha_0 DUMMY0_j + \alpha_1 DUMMY1_j + \cdots + \alpha_{99} DUMMY99_j \qquad (2.9)$$

其中，当年龄为 0 时，$DUMMYO = 1$；当年龄为 1 时，$DUMMY1 = 1$，以此类推。

联合方程（2.8）和方程（2.9），就可以得到总住房需求函数：

$$D = \alpha_0 \sum DUMMY0_j + \alpha_1 \sum DUMMY1_j + \cdots + \alpha_{99} \sum DUMMY99_j \qquad (2.10)$$

Mankiw 和 Weil（1989）通过构建上述理论模型，选取美国 20 世纪七八十年代的人口普查数据得出：当 Age<20 时，住房需求很小；当 20<Age<30 时，住房需求最旺盛；当 Age>40 时，住房需求量每年下降约 1%；当进入老年期后，对于住房的需求会更少。同时，他们分析得出老年群体住房需求下降可能的原因是老年群体的收入低于年轻群体。

从以上分析可以发现，人口对于住房需求影响的重要性。除此之外，财富、消费者偏好、住房收益和其他收益都会影响住房需求的位置。财富是影响住房需求的第二个因素。住房购买能力直接受财富预算约束的控制。财富的高低是影响人们拥有住房的决定性因素。如图 2.3（a）所示，财富的增加也会导致住房需求曲线由 D_0 向右移至 D_1。而根据前文生命周期消费理论，老年期随着收入的下降和消费支出的上升，居民的储蓄即可积累财富会相应减少，因此老年期的住房需求曲线会向左平移。投资偏好是影响住房需求的第三个因素。当居民对住房的投资偏好程度逐渐加大时，就会增加对住房的购买，使住房需求曲线由 D_0 向右移至 D_1。根据前文对住房需求的定义，居民对于住房需求偏好程度的增加，会存在由低向高逐步满足的过程，即先满足住房套数的需求再提高至住房面积、质量更高层次的需求。住房收益是影响住房需求的第四个因素，本文理解为住房价格。当住房价格持续升高超出一般预期时，住房的居住定位就有可能发生扭曲，变为投资品。当住房变为投资品，住房价格上升就意味着居民拥有的住房实际收益增加。如果房价持续走高，出于对住房预期收益的判断，居民会不断购买住房来增加其住房收益，从而使住房需求曲线也会由 D_0 向左移至 D_1。其他收益的变化是影响住房需求的第五个因素。住房作为一种投资性商品，当其他投资性商品可以带来更大的效用和收益时，居民会选择其他相对收益更高的商品进行投资。因此，当其他投资性商品的相对收益下降时，居民就会增加住房购买量，导致住房需求曲线由 D_0 向右移

至 D_1；而当其他投资性商品的相对收益上升时，则会对住房需求造成挤出效应，导致住房需求曲线由 D_1 向左移至 D_0。

而在一般均衡理论的框架下，当住房市场处于均衡条件时，住房需求应该等于住房供给。因此，本书分析住房需求的前提假设条件是住房市场已经达到一般均衡，同时受限于宏观视角住房需求数据的不可获取性，因此用住房销售套数和住房销售面积来衡量住房需求也是可行的。

2.2.5 空间效应理论

经济活动不仅具有时间效应，同时随着各区域间空间位置的改变而产生一定的空间效应。根据前文理论分析，人口迁移导致人口老龄化的形成在空间上也存在相互关系；同时，由于经济发展和人口流动所形成的城市发展圈也使得住房需求可能存在空间相关性。关于空间相关性的理论可以追溯到空间效应理论。空间效应（Spatial Effect）的研究主要有新经济地理学和空间计量经济学。新经济地理学的重要成果是把空间因素引入一般均衡理论中进行分析。Krugman（1991）运用数学语言解释和分析经济活动的空间分布规律，找到了现实中空间集聚机制出现的原因。空间计量经济学是将空间因素纳入原来的横截面或面板数据上，从地理空间上分析经济事物的相互关联性。二者都关注到了空间因素，因此它们最基本的特征都是空间效应。而二者关于空间效应的研究也是相辅相成的，所反映的核心思想也非常类似。二者都涵盖了 Tobler（1970）的“地理学第一定律”所提出的所有事物均与其他事物有联系，事物间距离越近，关联度越紧密。反之，则关联度越低。对于本书的研究，两种效应的解释分析有利于更为深入地从空间效应的角度了解人口老龄化和住房需求之间的经济规律。

新经济地理学所关注的重点是经济活动的空间问题。在高度抽象的同质性平面内，如果经济活动不存在任何外生差别，经济空间也会发生改变。新经济地理学派的创始人 Krugman（1991）的主要成就在于考虑到了商品的运输成本问题。他在研究传统微观经济学的过程中，把空间因素纳入一般均衡理论分析中，解释了最初条件相同的区域为何经济发展水平却发生差异，引出了空间格局变化所产生的空间效应问题是导致发生差异的原因。其中，他提出的新经济地理学得出了本地市场放大效应、生活成本效应和市场竞争效应三种效应的核心结论。这些核心结论都在一定程度上为解释社会经济活动的集聚或分散现象奠定了理论基础。尤其是本地市场放大效应，指随着本地市场规模的不断扩大，相应的市场资源就会向该区域聚集，从而导致资源过度集中而产生区域发展不平衡的问题。该理论在解释人口老龄化对住房需求影响的异质性和空间效应问题时，具有非常重要的理论借鉴意义。

而 Anselin（1988）首次提出的空间效应理论则是从空间相关性和空间异质性两个方面来进行分析。按照他的理解，根据是否关注到经济事物的空间关系，又可以把空间相关性划分为空间外部性和空间扰动相关性。如果关注到了经济事物在空间上的相互影响，则表现为空间外部性；如果没有关注到经济事物在空间上的相互影响，则表现为计量模型残差间的空间相关性，称为空间扰动相关性。由于观测值在空间上具有空间相关性，与传统经典计量经济学观测之间不相关的假设不符，因此如果仍用传统方法来解决空间问题就会导致模型估计有偏。而空间计量经济学则可以解决空间相关性的问题。而且由于空间信息系统（GIS）广泛应用，为空间统计可视化提供了巨大的空间，丰富了研究解决社会经济现象的方法，空间计量经济学也逐渐被国际上认定为研究经济变量间时空关系的最常用的理论和方法。本书如果要深入研究人口老龄化对住房需求的影响关系时，需要充分考虑空间关系所起的作用，这样才能更为全面地反映各区域人口老龄化对住房需求的空间效应问题以及不均衡发展问题。

2.3　人口老龄化影响住房需求的理论分析框架

根据国内外现有文献研究的梳理，本书借鉴美国经济周期研究所关于经济周期立方体的思想以及人口金字塔统计图，结合本章上述基本概念和相关理论，构建了人口老龄化影响住房需求的理论分析框架（见图 2.4）。

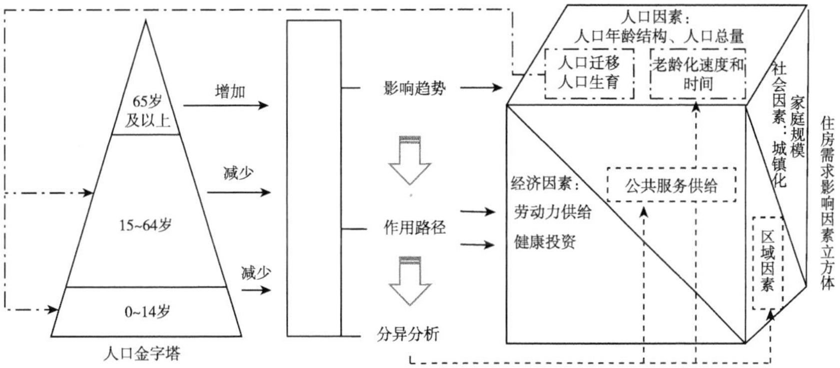

图 2.4　人口老龄化影响住房需求的理论分析框架

如图 2.4 所示，人口金字塔按照 0~14 岁少儿人口、15~64 岁劳动力人口和 65 岁及以上老年人口分成了三部分。立方体顶面表示影响住房需求的人口因素，包括人口年龄结构、人口总量、人口生育、人口迁移以及老龄化的速度和时间等；立方体正面左下侧表示影响住房需求的劳动力供给和健康投资等经济因素；立方体正面右上侧表示影响住房需求的政策因素，主要包括利率和公共服务供给等；立方体侧面表示影响住房需求的社会因素和区域因素。鉴于当前我国人口年龄结构和经济老年抚养能力时空分异趋势愈演愈烈，本书从人口和经济视角出发，以人口转变理论为基础探究我国人口老龄化的时空变动特征和趋势。并根据房地产供求理论和 Mankiw 和 Weil（1989）研究结论构建住房年龄需求函数模型，论证我国人口老龄化对住房需求的负面影响，明确人口老龄化日益加剧给住房需求市场带来的冲击。为深入辨析人口老龄化影响住房需求的作用路径，通过构建调节效应、中介效应和有调节的中介效应模型验证劳动力供给和健康挤出的中介路径是否会受到人口生育和人口迁移的影响。最后，为证明我国人口老龄化和住房需求的分异特征，从多维异质性和空间效应两个角度检验人口老龄化影响住房需求的分异性。

第3章　中国人口老龄化变动特征及趋势分析

本章运用传统统计方法对中国人口老龄化的时间变动和特征进行了分析，并依托2010年第六次人口普查数据采用队列要素人口预测法模拟了2011—2030年中国人口老龄化的趋势，为后续研究奠定了基础。

3.1　中国人口老龄化的时间变动梳理

本部分从人口规模、人口生育率、人口死亡率和人均预期寿命、人口迁移、人口年龄结构以及经济老年抚养能力六个方面来分析我国人口老龄化的时间变动概况。

（1）人口总规模增速下降

众所周知，我国是世界第一人口大国。根据《新中国60年统计资料汇编》，1949年我国的人口总量为5.4亿人。新中国成立后，安定的社会环境和经济的逐渐复苏，人口总规模开始逐渐增长。

如图3.1所示，我国人口总规模自新中国成立后一直在持续上升。虽然三年困难时期我国的人口总量有所回落，人口年均增长率一度跌到了负值以下。1960年，人口年平均增长率下降至-1.49%，为新中国成立以来最低水平，但1962年迅速跃升至2.18%。此后10年，人口进入持续增长期。截至1980年年末，我国总人口规模已接近10亿人。为了控制人口过快增长给经济社会带来过重负担，我国实施了计划生育政策，人口年平均增长率开始下降，但人口增长的趋势未发生改变。截至2019年，我国人口总量达到14.1亿人，同20世纪80年代初相比，人口总量仅增长了4亿人，实现了人口适度增长的目标。

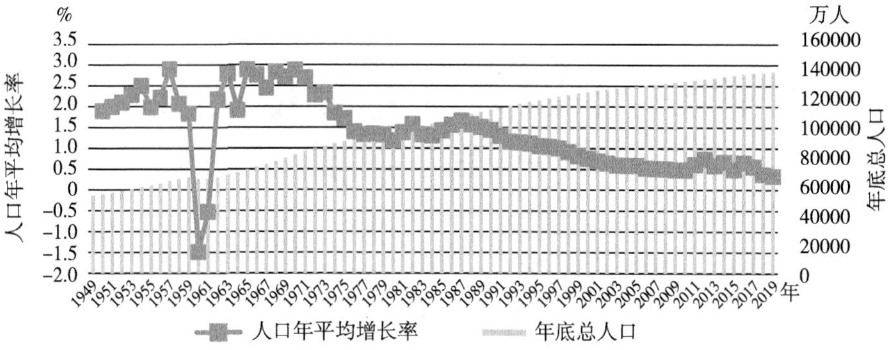

图 3. 1　1949—2019 年中国人口总规模时间变动图

（资料来源：国家统计局《新中国 60 年统计资料汇编》）

（2）人口生育率降低

新中国成立后，我国的人口生育率经历了由高转低的过程。根据《新中国 60 年统计资料汇编》，1949 年我国的人口生育率高达 36‰。此后的 10 年，即便在 1959—1962 年困难时期，我国的人口生育率也都保持在 30‰左右。新中国成立至今，除有代表性的三次“婴儿潮”外，人口生育率均呈现持续下降的趋势。截至 2019 年，我国的人口生育率仅为 10. 4‰，较新中国成立初期下降了 3. 5 倍。而目前学界公认的我国的“婴儿潮”有三次。第一次“婴儿潮”是在新中国成立初期，社会经济的逐渐复苏给人们带来宽松的生育环境。如图 3. 2 所示，新中国成立初期我国的人口生育率均保持在 37‰左右。但由于当时我国人口只有 5. 4 亿人，因此第一次“婴儿潮”给人口规模的增长带来的影响还不是特别大。第二次“婴儿潮”发生在 1962 年后。三年困难时期使我国的生育率短暂地“断崖式”下降，最低时仅为 18. 02‰。但之后便开始“报复性”增长，1963 年人口生育率达到历史最高水平，跃升至 43. 37‰。最后一次“婴儿潮”为“60 后”“婴儿潮”的后代，又称为“80 后”“回升潮”。虽然在此期间，我国实施了计划生育政策，但从图 3. 2 也可以看出，此波“80 后”的出生仍然迎来了我国人口生育率的一次小高峰。而这波小高峰之后，我国的人口生育率便开始持续下降。

生育率的不断下降也导致我国育龄妇女的总和生育率在持续减少。联合国人口司《世界人口展望》公布，我国的总和生育率从新中国成立初期的 6. 11‰下降至 2019 年的 1. 7‰，已经远低于 2. 1‰的生育更替水平（见图 3. 2）。

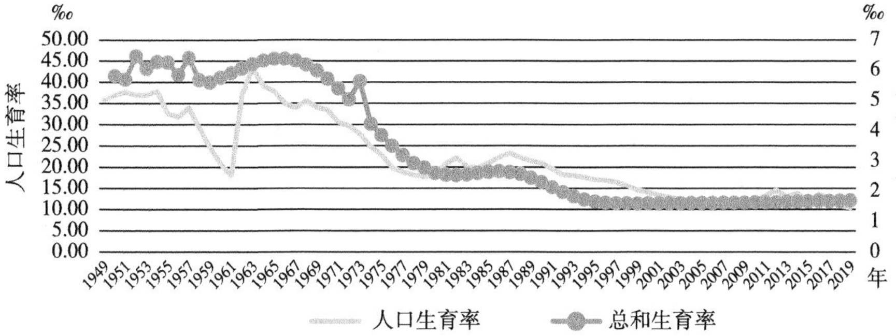

图 3.2　1949—2019 年中国人口生育率现状

（资料来源：国家统计局《新中国 60 年统计资料汇编》）

（3）人口死亡率较低，人均预期寿命延长

人口死亡率对人口转变具有非常重要的作用。在人口转变的初期，人口死亡的作用甚至大于人口出生的作用。根据《新中国 60 年统计资料汇编》，1949 年我国的人口死亡率高达 20‰。但新中国成立后，告别战乱的纷扰，安定的社会环境和不断进步的医疗健康卫生水平使我国的人口死亡率开始逐渐下降。如图 3.3 所示，我国的人口死亡率总体上处于较低水平。除 1959—1962 年自然灾害等因素导致人口死亡率有大幅度的提高外，其余年份均处于较低水平。特别是 1970 年后，我国的人口死亡率持续稳定在较低水平。

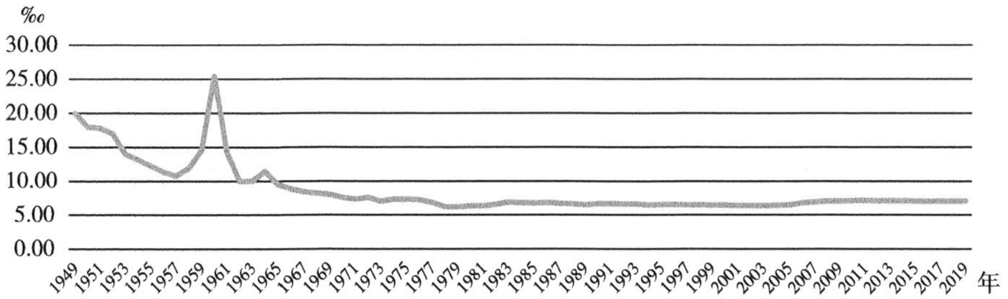

图 3.3　1949—2019 年中国人口死亡率时间变动概况

（资料来源：国家统计局《新中国 60 年统计资料汇编》）

我国经济社会快速发展的另一个明显成果就是人均预期寿命的延长。据我国历次人口普查和 1% 人口抽样调查数据显示，我国人均预期寿命从 1960 年的 43. 3 岁提高到 2015 年的 76. 3 岁，较世界平均水平高出 5. 5 岁。而且，女性人口预期寿命普遍高于男性，2015 年女性预期寿命比男性高

6.79岁，较1960年时差距增加3.99岁。

（4）人口迁移频繁

在开放经济中，除人口生育率和人口死亡率外，人口迁移也是造成人口老龄化不可缺少的原因。虽然我国并不是一个移民国家，国际间的人口迁移较少，但我国区域间的人口迁移日益频繁。人口迁移趋势越来越强，人户分离、人口流动问题也成为人口普查中的一大难题。跨省间的人口流动自2000年第五次人口普查以来一直保持在30%以上的水平，表明跨省流动的模式一直没有发生改变。并且各区域的迁入和迁出模式基本稳定，东部地区为人口净迁入，中部、西部地区为人口净迁出。但各区域的迁入迁出趋势又各有差别。如图3.4所示，我国人口流入的主要地区位于东部，但自2013年后人口净迁入总量保持在比较平稳的水平。中部、西部地区的人口迁移模式为人口净迁出，但自2011年之后西部地区的迁出人口开始减少，并且总体上来看西部地区的人口流失程度要远低于中部地区。而中部地区的人口净迁出规模在持续扩大，成为近年来人口净迁出的主要地区。

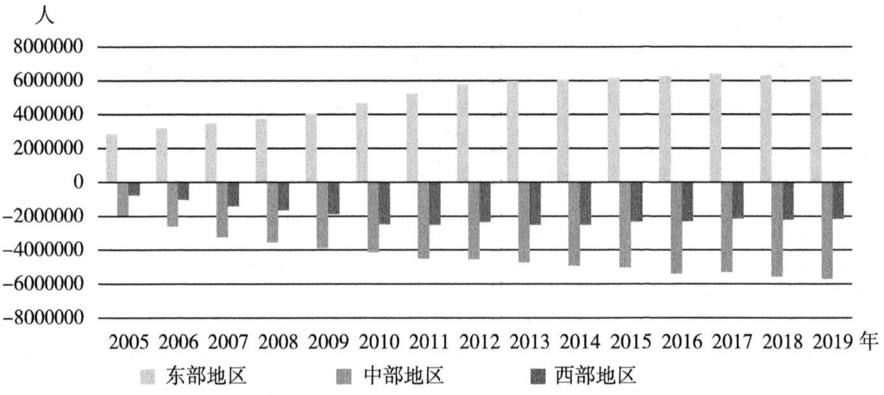

图3.4　中国东部、中部、西部地区人口迁移时间变动概况图

（资料来源：国家统计局2006—2020年《中国统计年鉴》）

各省（区、市）人口迁移也呈现出比较稳定的人口净迁出和人口净流入模式。根据《中国统计年鉴》2006年和2020年数据，本书测算发现，2005年我国各省（区、市）年均人口净流入量从高到低依次为：广东、上海、浙江、北京、江苏、云南、福建、天津、山西、黑龙江、内蒙古、新疆、吉林、青海、山东、辽宁、西藏、海南和宁夏；2019年，省份顺序稍有改变，依次为：广东、浙江、上海、北京、江苏、天津、新疆、福建、辽宁、海南、宁夏、西藏和青海。对比发现，内蒙古、山东、山西和云南转变为人口净流出地区，广东、上海、浙江、北京和江苏一直都位于人口净流入地区的前五位。而且，人口净流入的省份多数位于东部地区和西部地区，中部地区成为人口净流出的主力军。

（5）人口年龄结构老龄化日益加剧

自1999年进入人口老龄化社会后，我国人口老龄化的速度便开始不断加快。这些问题反映到人口年龄结构上，则是少儿人口和劳动力人口比例的下降，老年人口比例的上升。根据2.1.1节关于人口老龄化的不同划分标准，我国历次人口普查人口年龄结构和人口老龄化类型见表3.1。

如表3.1所示，2000年前，除1964年我国人口生育率大幅增加使人口年龄结构处于年轻型外，其余年份的指标都至少有一项达到了成年型标准。自2000年之后，我国的人口老龄化类型无论按照哪种标准，均已达到老年型标准，并且逐步转变到浅度老年型社会。2010年*PA*65达到8.9%，较2000年上升1.9个百分点。而且*PA*0-14的下降幅度要明显快于*PA*15-64的下降幅度和*PA*65的上升速度，少儿人口的减少将导致未来人口老龄化趋势越来越严重。

表3.1　中国历次人口普查人口年龄结构及人口老龄化类型

年份	*PA*0-14（%）	*PA*15-64（%）	*PA*65（%）	*AI*（%）	*MA*（岁）	人口老龄化类型
1953	36.3	59.3	4.4	12.1	—	年轻型向成年型过渡
1964	40.7	55.8	3.6	8.9	—	年轻型
1981	33.6	61.5	4.9	14.6	—	年轻型向成年型过渡
1990	27.7	66.7	5.6	20.1	25.1	成年型
2000	22.9	70.1	7.0	30.4	29.7	浅度老年型社会
2010	16.6	74.5	8.9	53.4	34.6	浅度老年型社会

资料来源：国家统计局2020年《中国统计年鉴》。

与此同时，我国老年扶养比也在不断上升。特别是2000年，*OADR*的增长幅度明显加快（如图3.5所示）。截至2019年，我国*OADR*已达到17.8%，较2010年第六次人口普查老年抚养比增长9.4%，较2000年刚进入人口老龄化社会时增长10.8%。2000年前，*OADR*的年均增长速度为1.9%；2000年至今，*OADR*的年均增长速度达到3.1%。特别是近五年，*OADR*的年均增长速度更是达到了5.3%。*OADR*的增速正在逐渐加快，表明我国老年人口的扶养负担也在不断加大。

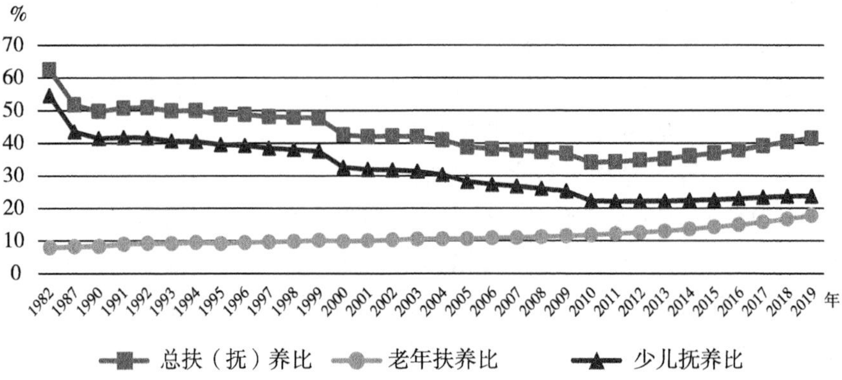

图 3.5　1982—2019 年中国老年扶养比现状图

（6）经济老年扶（抚）养能力逐渐增强

随着经济发展水平的提高和居民人均收入水平的增长，我国总体经济抚养能力在逐步提高。根据 2.1.1 节关于经济老年扶养能力指数衡量方式的界定，*CIEOAD* 可以从经济尤其是人均收入水平角度反映一个地区扶养老年人口的经济能力。按照式（2.6）*CIEOAD* 计算公式，本节计算出了全国平均水平和 30 个省（区、市）（西藏数据缺失）2005 年、2010 年、2015 年和 2019 年的经济老年扶养能力指数 *CIEOAD*（见表 3.2）。为简便计算和便于分析，本书在计算 *CIEOAD* 时，人均可支配收入以万为单位进行计算。其中，人均可支配收入的变动量为居民人均可支配收入较上一年的变动值。由于国家统计局自 2013 年起开展了城乡一体化住户收支与生活状况调查，因此 2013 年后的人均可支配收入来自《中国统计年鉴》；2005—2012 年的人均可支配收入，由城镇居民家庭人均可支配收入和农村居民家庭人均纯收入分别乘以城镇人口和农村人口计算得到总体可支配收入，再除以年均常住人口获得。计算结果发现，我国 2019 年的 *CIEOAD* 为 5.8%，较 2005 年下降了将近 11 个百分点，年平均降速达到 7.2%。这表明，我国的经济老年扶养能力随着我国人均收入水平的提高在逐步增强。

表 3.2　中国经济老年扶养能力指数 *CIEOAD*　　单位：%

省(区、市)	2005 年	2010 年	2015 年	2019 年	省(区、市)	2005 年	2010 年	2015 年	2019 年
北京	8.6	3.9	2.8	2.2	河南	25.2	12.4	8.3	7.2
天津	11.5	4.9	4.1	3.7	湖北	23.0	10.8	7.6	6.5
河北	19.6	10.4	7.9	7.5	湖南	25.9	14.0	8.5	6.4

续表

省(区、市)	2005 年	2010 年	2015 年	2019 年	省(区、市)	2005 年	2010 年	2015 年	2019 年
山西	20.1	10.1	6.8	6.3	广东	9.6	4.8	3.4	2.9
内蒙古	18.0	7.9	5.6	4.4	广西	29.9	14.0	8.5	6.4
辽宁	18.8	9.7	6.9	6.8	海南	23.7	10.4	6.2	4.9
吉林	16.2	9.5	7.6	7.2	重庆	25.9	13.7	9.3	7.8
黑龙江	16.6	10.0	7.4	7.5	四川	34.9	16.4	10.6	9.4
上海	8.6	4.2	3.3	3.2	贵州	36.2	18.3	10.1	8.6
江苏	16.8	8.2	5.8	5.1	云南	26.4	13.1	7.6	6.2
浙江	11.9	5.7	4.2	3.9	陕西	27.5	11.8	8.0	6.6
安徽	32.1	14.5	8.5	7.8	甘肃	27.3	16.1	9.4	8.4
福建	14.4	6.6	4.8	3.8	青海	19.2	10.4	6.1	5.2
江西	24.6	10.7	7.1	5.6	宁夏	18.3	9.1	5.9	5.6
山东	19.1	9.9	7.1	7.5	新疆	20.5	10.0	5.9	5.2

虽然整体上看我国的经济老年扶养能力在不断增强，但各省（区、市）*CIEOAD* 的指数大小及其下降速度差距仍较大。从 *CIEOAD* 指数大小来看，如表 3.2 所示，2005 年最高的省份为贵州，达到 36.2%，但同年最低的省份北京仅为 8.6%；2019 年最高的省份变成四川，指数为 9.4%，最低的仍是北京，仅为 2.2%。对比来看，虽然各地区经济老年抚养能力差距在逐渐缩小，但反差还是非常显著的。从区域分布来看，*CIEOAD* 指数较高的省（区、市）分别为北京、上海和广东等东部地区，而指数较低的省（区、市）分别为贵州、四川和甘肃等中部、西部地区。这表明东部地区普遍具有较强的经济老年扶养能力，但中部、西部地区的经济老年扶养能力则较弱。

3.2　中国人口老龄化特征

3.2.1　老年人口基数大

从前文人口老龄化的时间变动概况可以发现，我国的人口总量呈现持续上升的趋势。本书基于《新中国60年统计资料汇编》数据计算，1980年前我国的年平均人口增速都保持在1.96%。截至1981年年底，我国的总人口已经超过10亿人。虽然1982年为了控制人口过快增长，我国制定了计划生育政策。但在前两次“婴儿潮”的累积作用下，人口总量仍在持续增加。第一次“婴儿潮”出生的人口已经在2015年前后全部进入老年期，可以看到即便是人口基数不多的第一次“婴儿潮”，也导致我国的老年人口数量在迅速增加。截至2019年，我国65岁及以上老年人口已达到1.77亿人。如果第二次“婴儿潮”后10年间所出生的近2.6亿人口慢慢步入老年期，会导致老年人口数量更加庞大。当2035年第二批“婴儿潮”进入老年期，我国的老年人口数量将超过4亿人。据联合国人口司《世界人口老龄化（2017）》预测，到21世纪中叶，我国65岁及以上老年人口数量将达到3.66亿人，接近总人口的1/3。

3.2.2 人口老龄化增速快

人口老龄化增速快是我国人口老龄化的另一个重要特征。据国家统计局数据公布，2019年全国*PA*65达到12.6%，老年人口数量达1.77亿人。从1999年进入人口老龄化社会以来，20年间我国老年人口数量增长了近17.58倍，*PA*65的年均增长速度达到3.1%，超出世界*PA*65的年均增长速度0.6个百分点。特别是2013年后，*PA*65的平均增速更是超过了5%。从*OADR*来看，1999—2019年，平均增速达到2.5%，2013年后，*OADR*平均增速也达到了4.5%。根据中国发展基金会发布的《中国发展报告（2020）》预测，我国在2022年前后*PA*65即可达到14%，达到中度老年社会的标准。由该数据可以推算出我国*PA*65从7%上升至14%，我国用时仅23年。虽然我国进入人口老龄化的时间较晚，但是发展速度相对较快。与进入人口老龄化最早的法国相比，*PA*65从7%上升至14%，用时将近115年。而伴随“婴儿潮”一代进入老年期，我国的人口老龄化速度还会继续加快。

3.2.3 区域人口老龄化“马太效应”趋势增强

按照联合国人口老龄化的标准，虽然我国在1999年年底就进入了人口老龄化社会，但是各个地区进入人口老龄化的时间不尽相同。根据前文人口老龄化的空间演变分析，本书发现我国人口老龄化差异极化特征较明显，具体表现为：

（1）人口迁移促进区域人口年龄结构老龄化“正马太效应”

由 3.1.2 节 *PA65* 和 *OADR* 的空间分布概况来看，我国区域人口老龄化呈现两极分化的“马太效应”特征。除高—高区域和低—低区域外，其余地区的空间关联性均不显著。但从各区域的增长速度来看，中部、西部地区的 *PA65* 和 *OADR* 年均增长速度要快于东部地区。虽然东部地区的 *PA65* 地区平均值在 1999 年就已经达到 8.9%，率先跨入人口老龄化社会，进入浅度老年型地区，高出全国 *PA65* 平均水平近 2 个百分点。而中部、西部地区则分别于 2001 年和 2002 年 *PA65* 超过了 7%。但中部、西部地区后期 *PA65* 的增长速度超过了东部地区。从 1999 年到 2019 年，中部、西部地区的 *PA65* 年均增长速度分别达到 3.11%和 2.81%，而东部地区的年均增长速度仅为 2.05%，超出东部地区的平均增长水平。从 *OADR* 增速来看，中部、西部地区的平均增速也高于东部地区。尤其是中部地区，其 *OADR* 年均增速最快。1999 年，中部、西部地区的 *OADR* 不及东部地区高，仅分别为 9.98%和 9.39%。但在 1999 年到 2019 年，中部、西部地区的 *OADR* 增长速度加快，年均增速分别达到 2.99%和 2.60%，而东部地区的增速仅为 1.94%。

综合我国人口迁移的时间变动概况来看，东部、中部、西部人口迁移的模式已经基本定型，东部地区是人口净迁入地区，中部、西部地区是人口净迁出地区。人口净流入增加了东部地区的劳动力人口，降低了 *PA65* 和 *OADR*，缓解了当地人口年龄结构老龄化；人口净流出则减少了中部、西部地区的劳动力人口，提高了 *PA65* 和 *OADR*，加剧了中部、西部地区人口年龄结构老龄化。人口净迁出导致人口较少的中部、西部地区年龄结构老龄化速度加快，而人口净流入则使人口较多的东部地区年龄结构老龄化速度减缓。如图 3.6 所示，东部地区人口迁入上升期正好是东部地区 *PA65* 和 *OADR* 的下降期；当人口净流入量增速降低时，*PA65* 和 *OADR* 的增长幅度也开始变快。而人口净流出与中部、西部地区的 *OADR* 反差最为显著，*PA65* 和 *OADR* 的增长趋势与人口迁移成反比。因此，从人口迁移对人口年龄结构的影响来看，人口的净流入和净流出对我国东部、中部、西部地区的人口年龄结构老龄化具有加速“正马太效应”。

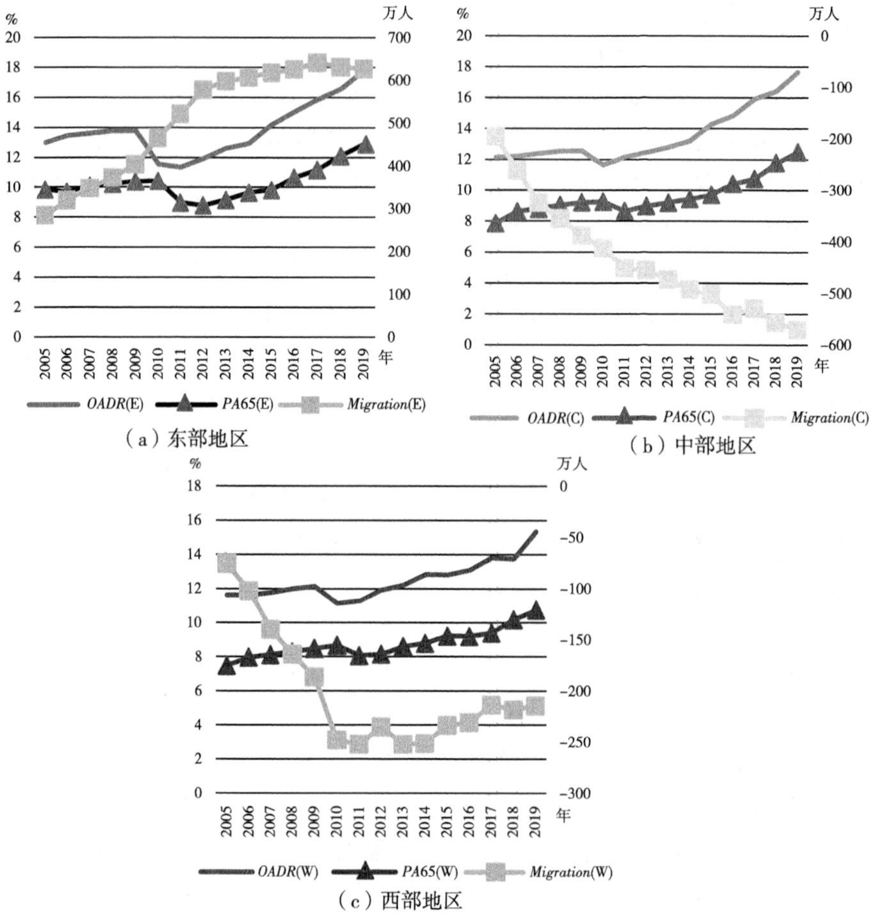

（a）东部地区

（b）中部地区

（c）西部地区

图 3.6　2005—2019 年中国东部、中部、西部人口老龄化和人口迁移对比

（2）人口迁移增强区域经济老年抚养能力“负马太效应”

从我国 *CIEOAD* 的时空变动概况来看，则与前两种人口老龄化衡量指标不同，正好呈现出“东低西高”相反的趋势，低—低集聚区刚好位于浙江等东部地区，而高—高集聚区则主要集中于西部地区。结合我国各省（区、市）人口迁移的模式来看，广东、上海、浙江、北京和江苏一直都位居人口净流入地区的前五；而四川、湖南和广西等中部、西部地区则为净流出模式。

结合 2005—2020 年人口迁移和 *CIEOAD* 趋势对比（见图 3.7），可以发现人口净流入省份人口迁移和 *CIEOAD* 成反比，表明人口净流入量上升提高了迁入省份的经济老年抚养能力。而河南、四川、安徽和重庆这些人口输

出大省的 *CIEOAD* 则与人口迁移成正比，表明人口的严重流失加剧了人口迁出省份的经济老年抚养能力。人口集聚于东南沿海经济较发达的省份，进一步增加了这些省份的劳动力供给，促进了当地的经济发展水平，形成了“马太效应”。如果人均收入水平提高的幅度大于老年人口数量增加的速度，那么居民可支配收入中用于养老的负担比例就会减少，地区整体经济养老抚养能力就会增强。相反，如果人口流失严重则会造成劳动力供给不足，经济发展缺乏动力，导致收入水平增长幅度较低。对于日益增加的老年人口数量，社会的养老负担就会加重，不利于经济老年抚养能力的提高。综上所述，可以发现人口迁移使得经济越发达的地区经济老年抚养能力越强，而经济欠发达地区经济老年抚养能力越弱，使得地区经济老年抚养能力的“负马太效应”增强。

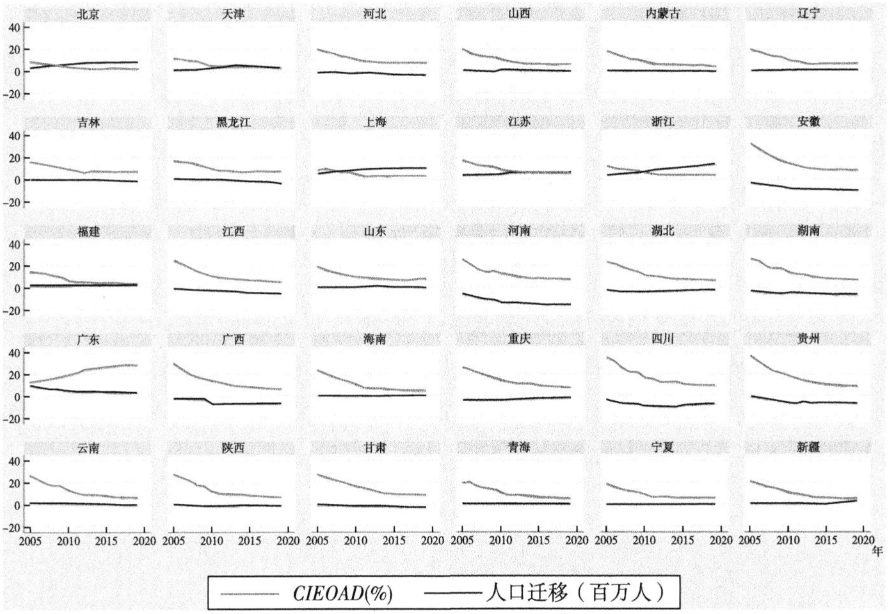

图 3.7　2005—2020 年中国各省（区、市）经济老年抚养能力和人口迁移对比

3.3　中国人口老龄化趋势

为进一步分析我国人口老龄化的未来趋势，本节采用队列要素人口预测法对我国 2030 年前的人口老龄化趋势进行模拟预测，以便为后续分析人口老龄化对住房需求的影响趋势做准备。

3.3.1 人口预测方法与参数设定

人口预测可以为未来人口的变动趋势做出预判，有利于根据人口变动趋势制定相应的政策。本节选取队列要素人口预测方法，借助 CPPS 人口预测软件对我国 2030 年前的人口总量和人口年龄结构情况进行模拟预测。队列要素人口预测方法是预测人口年龄结构最常用的方法。该方法需要选定基础年份数据，通过假定人口的总和生育率、不同性别的预期寿命和迁移模式等参数来预测和估计未来预测时间内人口的年龄结构模式。本书选取我国 2010 年第六次人口普查分年龄段 0～100 岁及以上男性人口总数、女性人口总数、男性死亡率、女性死亡率和总和生育率的数据，通过设定不同的人口生育水平，把预测方案设定为三个水平，具体参数设定如下：

（1）生育参数

人口预测生育参数包括总和生育率、性别比和生育模式（一孩、二孩和三孩及以上出生比例）。结合我国人口生育政策逐步放开的现实情况，本部分主要通过调整一孩、二孩和三孩及以上出生比例和总和生育率来设定三种不同方案下的生育参数（如表 3.3 所示）。其中，方案一和方案三为未调整生育水平的方案（以下简称未调整方案）和标准方案。这两种方案根据人口总和生育率采用一贯制设定方法，具体为：方案一以基期 2010 年人口普查总和生育率 1.18%为设定标准，学界普遍认为该普查结果存在漏报和低估的问题，故本书把方案一的总和生育率设定为 1.18%；方案二的人口总和生育率设定为 2.1%，学界普遍认为当人口总和生育率达到该水平时，即可以满足人口生育更替水平，实现人口稳定增长。

表 3.3 不同方案人口总和生育率假设 单位：%

年份	方案一	方案二	方案三
2011—2015	1.18	1.6	2.10
2016—2020	1.18	1.63	2.10
2021—2025	1.18	1.69	2.10
2026—2030	1.18	1.70	2.10

资料来源：根据国家统计局 2011—2020 年《中国统计年鉴》和联合国人口司《世界人口展望（2017）》估算。

方案三是基于我国人口生育政策不断调整的大背景，结合国家统计局公布的各孩次人口出生率以及联合国人口司《世界人口展望（2017）》对我国人口总和生育率的预测，对总和生育率进行修正、调整和分段处理，具体设定如下：第一段为 2011—2015 年，我国分别在 2011 年和 2013 年逐步实施了双独和单独二孩的人口生育政策，在一定程度上释放了妇女在一孩生育政策期间的生育需求，使人口生育水平有了显著提高。2011—2015 年《中国统计年鉴》数据显示，我国在此期间的总和生育率平均水平提高到了 1.6%。因此，把 2011—2015 年的人口总和生育率设定为 1.6%。第二阶段为 2016—2020 年，我国在该阶段全面放开了“二孩”政策，更进一步提升了生育水平。结合联合国人口司对我国在 2016—2020 年的人口总和生育率预测，把第二阶段的人口总和生育率设定为 1.63%。第三阶段为 2021—2025 年，随着全面“二孩”政策势能的不断释放，给全社会带来了提高生育水平的信号，妇女的生育意愿会进一步提高。但人们的生育观念和养育观念在短时间内转变的可能性不大，而生育率水平在不断放开生育政策的刺激下会逐步提高至 1.69%。第四阶段为 2026—2030 年，全面“二孩”政策的生育势能还有可能会继续释放，但前期所积累的生育需求已基本接近尾声，故生育率可能会有小幅上升，故把此阶段的总和生育率设定为 1.70%。

近年来，随着我国对男女出生性别观念的改善和对性别鉴定技术的监管，从国家统计局公布的 2020 年我国的出生性别比较基期 2010 年出生性别比下降了 6.8 个百分点，降至 111.3%，逐步减到正常水平。因此，本部分性别比参数 2020 年前设定为 2010 年基期时的性别比 118.1%，之后设定为 111.3%。

（2）死亡参数

死亡参数包括预测年份男性和女性的人均预期寿命。基期 2010 年的男性和女性的人口平均预期寿命分别为 72.4 岁和 77.4 岁。随着我国医疗健康卫生水平的不断提高和人们主动健康意识的不断增强，我国的人均预期寿命必将继续有所提高。根据联合国人口司对我国人均预期寿命的预测，到 21 世纪中叶，我国人口的平均预期寿命将达到 88.6 岁。因此，本部分按照联合国远东生命表，依据联合国对我国各年龄段人均预期寿命的预测编制我国的男性和女性国民生命表。

（3）迁移参数

我国并不是一个典型的移民国家，国际间的人口迁移一直处于较低水平。《中国国际移民报告（2020）》显示，我国内地 2019 年的国际移民数量为 1073.23 万人，相比我国 14 亿人口总量，占比非常小，对我国人口规模和年龄结构的影响不大。并且，未来估计国际移民迅速扩大的可能性也非常小。因此，按照多数研究惯例，把我国设定为封闭人口，即人口迁移赋值为0。

3.3.2 人口老龄化趋势分析

（1）人口总量

对比三个方案人口预测的准确性发现，方案二的模拟预测结果与现实水平最为接近。在方案二下，2019年人口总量为14.12亿人，与我国2019年《中国统计年鉴》报告的人口总量14.10亿人非常接近。这表明，本书方案二的调整设定是有效的。

三个方案的预测曲线变动幅度逐渐平缓，表明未来我国人口总量的增长速度将下降（见图3.8）。方案一、方案二、方案三预测结果显示，到2030年我国的人口总量将分别达到13.3亿人、14.3亿人、15.1亿人。可以发现，方案一低生育率下人口总量到2030年存在下降趋势。其他两种方案的人口增长速度也变慢，方案二的年均人口增长速度甚至自2027年开始出现负增长。从三个方案的人口预测结果来看，我国的人口总规模在未来都有逐渐下降的趋势。

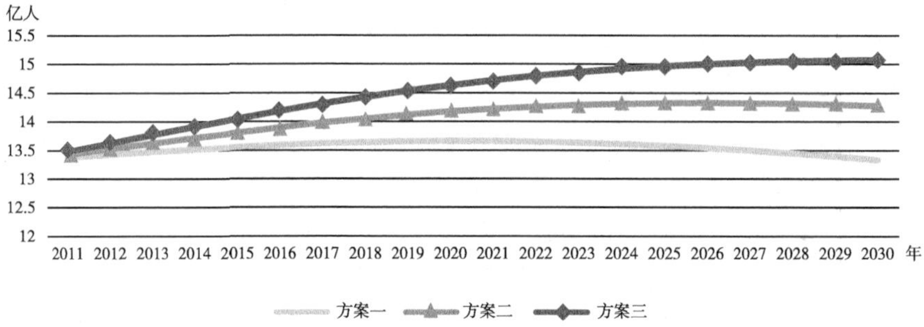

图3.8 中国人口总规模预测

（2）人口年龄结构

从人口年龄结构的预测结果来看，无论哪种方案未来我国*PA*65都将逐渐增大（见表3.4）。其中，方案二*PA*65的与实际数据最接近，均为12.6%，再次证明本书对方案二总和生育率的调整是有效的。在方案一、方案二、方案三下，未来我国*PA*65分别在2021年、2022年、2024年超过14%，达到重度老年型社会的水平。三个方案下*PA*65的增速也在不断上升，到2030年均增速都将超过4%。在人口总规模持续减少，65岁及以上老年人口数量日益增多的趋势下，未来我国人口老龄化的程度和速度将会继续上升。

表 3.4　中国人口年龄结构不同方案预测数据对比　　单位：%

年份	*PA*0-14			*PA*15-64			*PA*65		
	方案一	方案二	方案三	方案一	方案二	方案三	方案一	方案二	方案三
2015	15.6	17.1	18.5	73.6	72.3	71.0	10.8	10.6	10.4
2020	14.7	17.8	20.3	71.7	69.1	66.9	13.6	13.1	12.7
2025	13.0	17.5	21.0	71.4	67.7	64.8	15.7	14.9	14.2
2030	11.6	15.7	18.5	69.3	66.5	64.6	19.1	17.8	16.9

相比逐渐上升的老年人口比例，*PA*15-64 总体呈现下降趋势（见表 3.4）。三个方案下，15~64 岁劳动力人口总量较 2010 年都有所下降，并从 2015 年开始出现负增长，而且负增长速度在逐年提升。这表明，未来我国劳动力人口还将继续减少。

从 *OADR* 的预测结果来看，三种方案下我国将在 2025 年前后迎来一次小高峰（如图 3.9 所示）。李超等（2015）的研究结论也显示我国将在 2025 年后出现人口结构“蘑菇云”，与本书结果一致。从图 3.19 可以看出，*OADR* 上升的趋势一直未发生改变，只是在 2025 年前后的增幅较大导致出现波动式增长。而 2025 年出现小高峰的原因主要是“60 后”“婴儿潮”进入老年期所导致的。

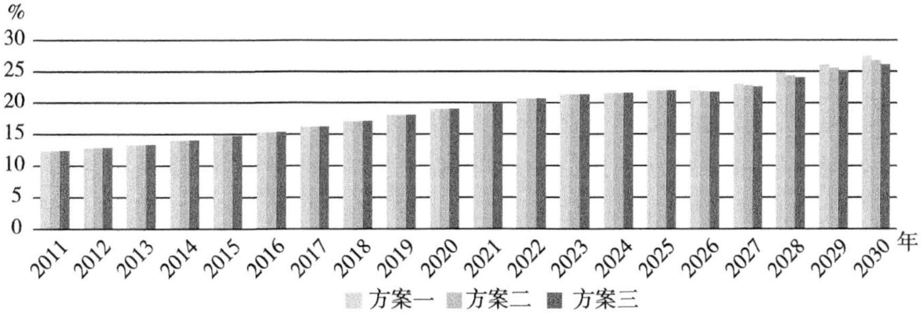

图 3.9　中国老年抚养比预测趋势

综上所述，可以发现无论哪种预测方案对未来我国老年人口在总人口中所占比例均呈现逐渐上升的趋势，这表明我国人口老龄化程度将逐渐加深，逐步跨入重度人口老龄化社会。虽然提高总和生育率可以在一定程度上缓解人口老龄化的程度，降低老年人口在总人口中所占比例。但需要注意的是，即便是人口生育率达到人口生育更替水平 2.1%，我国人口老龄化加深的趋势也未发生改变。本书调整生育率后的方案二的预测结果与真实数据最接近，具有一定的实际参考价值。

3.4 本章小结

通过选取新中国成立以来我国的人口数据，借助传统统计分析方法，在对我国人口老龄化的变动概况分析的基础上，总结了我国人口老龄化的特征，并运用队列要素人口预测法基于2010年第六次人口普查数据估算了我国2011—2030年的人口年龄结构。主要结论如下：

从时间维度来看，我国人口老龄化呈现出“三降一频两加速”的时间变动趋势，具体表现为：“三降”是指人口总规模增速、生育率和死亡率的下降；“一频”是指人口迁移的日益频繁；而“两加速”是指人口年龄结构和经济老年抚养能力的加速老龄化和增强。从空间维度来看，我国人口老龄化呈现两极分化的“马太效应”。

从人口老龄化的特征来看，我国人口老龄化具有老年人口基数大、增速快以及区域“马太效应”增强的特征。其中，人口迁移促进区域人口年龄结构老龄化“正马太效应”，而增强了区域经济老年抚养能力“负马太效应”。

从人口预测结果发现，未来我国人口老龄化的程度将继续加深。三种不同人口总和生育率预测方案下，2030年前我国的人口规模将逐渐缩小，人口年龄结构将日益老龄化，劳动力人口将持续减少，并且在2025年前后将迎来人口老龄化的一次小高峰。并且，调整总和生育率后的方案与达到生育更替水平的方案预测结果非常接近，表明合理调整人口生育政策有利于人口增长回到均衡正常水平。

第4章　中国人口老龄化对住房需求的影响趋势分析

本章在分析我国住房需求概况的基础上，基于 Mankiw 和 Weil（1989）的研究结论运用人口预测结果分析了我国 2030 年前的住房需求趋势；并选取 2005—2019 年 30 个省份的省级面板数据进行了实证检验，构建了 OLG 三期理论模型以动态面板模型，采用系统 GMM 估计验证了人口老龄化对住房需求的影响。上述问题有利于厘清人口老龄化和住房需求之间的关系和影响趋势，为后续章节识别作用路径和分异性特征提供重要依据。

4.1　中国人口老龄化对住房需求的影响趋势分析

4.1.1　中国住房需求概况

1998 年住房制度改革后，我国的住房才真正进入市场化。住房制度改革前，我国实行住房分配制度，住房并不能进行市场买卖。我国城镇职工的住房实行福利分配制度，主要按照学历、职级、工龄、婚姻以及家庭人数等条件来分配房屋，并且只需缴纳较低的租金。在 1998 年住房制度改革前，我国的住房市场并不符合经济学意义上的不完全竞争市场，也就不适用房地产供求理论。但住房制度改革终止了我国福利分房的时代，使我国住房真正进入了市场化阶段。本书基于经济学供给定理分析住房市场的需求问题，因此本部分主要梳理 1998 年住房制度改革后的住房需求概况。而由于住房市场对于房改政策具有一定的时滞性，结合国家统计局关于本书对于住房需求衡量指标（数量型住房需求衡量指标：住房销售套数；质量型住房需求衡量指标：住房销售面积）的数据可选取性，本部分的分析从 2005 年开始，具体如下：

（1）住房销售套数和住房销售面积呈波动式上升

图 4.1 绘制了 2005 年到 2019 年全国房地产企业住宅销售套数（简称住

房销售套数，*Unit*）和住宅商品房销售面积（简称住房销售面积，*Area*）时间趋势图。从图 4.1 的趋势图可以看出，全国的 *Unit* 和 *Area* 总体上均呈逐年上涨的趋势，表明全国范围内住房需求量在不断递增，但也存在上下波动的现象。比如 2008 年，受国际金融危机的影响，*Unit* 数量有所回落。但在次年迅速回升，并且增长了近 44.5%。2010 年 4 月 17 日，为了有效抑制部分地区房价增长过快，“新国十条”发布实施，决定对部分城市购买住房采取限购政策。

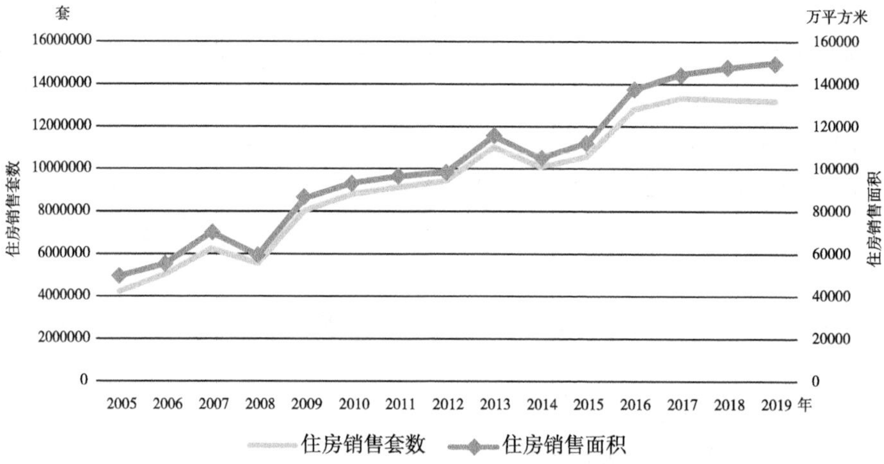

图 4.1　中国住房销售套数和住房销售面积时间趋势图

注：数据来自 2006—2020 年《中国统计年鉴》。

限购令开始后，北京、上海和广东等东部地区受到的影响最大。2011 年东部地区的 *Unit* 甚至出现了微弱的负增长。尤其是 2014 年开始，住房市场进入低迷期，*Unit* 和 *Area* 出现下跌。这与房地产市场前期高速发展所积累的大量住房库存有直接关系，导致出现了供过于求的现象。为了避免房地产市场持续走低给经济带来的不良影响，2015 年底中央提出房地产去库存的政策措施。随着去库存政策的实施，住房市场的 *Unit* 和 *Area* 开始迅速回温，但上升幅度不及 2014 年前大。其原因一方面是政府去库存政策的效果，另一方面也与“80 后”回升“婴儿潮”进入结婚生育期所产生的住房刚需有关。再加上我国到 2019 年已经连续六年结婚率负增长，导致婚姻所产生的住房刚需也在减少。从图 4.1 也可以发现自 2015 年后 *Unit* 和 *Area* 的增长过程比较平缓。但随着我国经济发展和人民生活水平的提高，可以发现 2015 年后 *Area* 的增长幅度开始小幅快于 *Unit*，表明我国居民对于住房面积改善型需求有所提高。

(2) 住房需求区域差异明显

从图 4.2 和图 4.3 东部、中部、西部地区的 *Unit* 和 *Area* 时间趋势图可以发现，东部、中部、西部地区的总体发展趋势也呈波动式上升。但东部地区的 *Unit* 和 *Area* 在 2017 年以前都要远高于中部、西部地区，并且在早期的差距还比较大。但自 2018 年后，中部地区的 *Unit* 和 *Area* 超过了东部地区，位居全国第一。这与近几年劳动力人口回流有直接关系。究其原因，主要是国家在 2017 年提出实施乡村振兴战略，给农村劳动力释放了在家务农也可以安居乐业的信号，吸引了大批农民工返乡务农或就业。尤其是中部地区近几年在公共服务供给、教育和医疗等方面条件的提升，为其提高了人才“虹吸”能力。而西部地区由于交通、自然条件等原因，人才吸引的能力较弱，导致人口流失严重，*Unit* 和 *Area* 也一直处于较低水平。

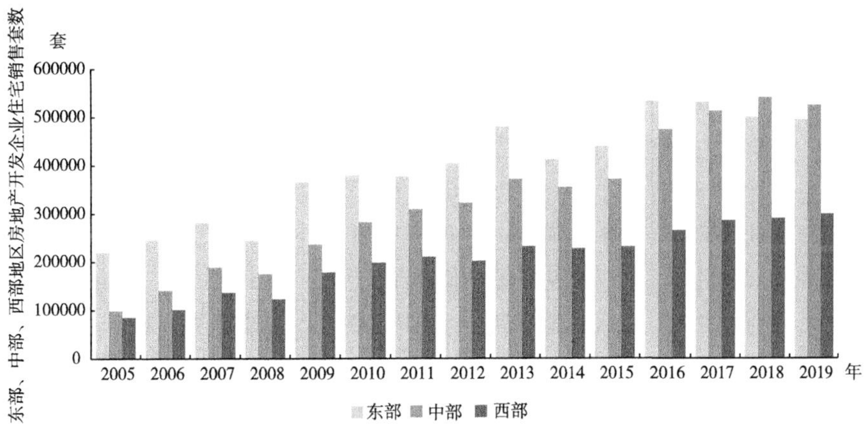

图 4.2 中国住房销售套数时间趋势图

注：房地产开发企业住宅销售套数数据来自 2006—2020 年《中国统计年鉴》。

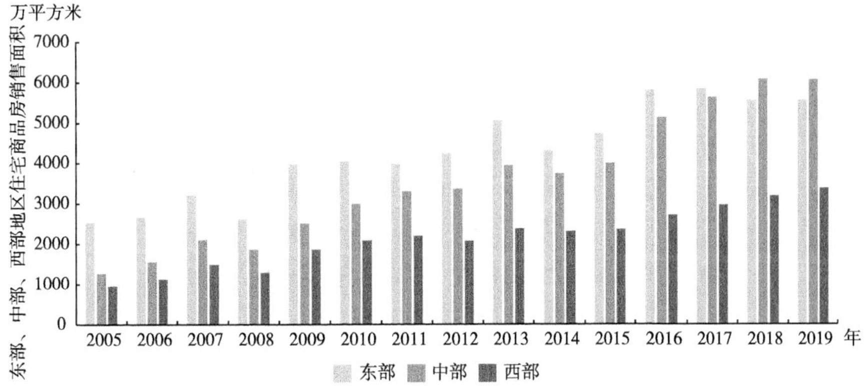

图 4.3 中国住房销售面积时间趋势图

注：住宅商品房销售面积数据来自 2006—2020 年《中国统计年鉴》。

4.1.2 中国人口老龄化对住房需求的影响趋势

基于前文我国人口老龄化的预测结果，沿用 Mankiw 和 Weil（1989）的研究结论，本节对我国人口老龄化影响住房需求的趋势进行了分析。

推算结果发现，2030 年前我国人口老龄化对住房需求的抑制作用会持续加速。在 2025 年后，我国住房需求的增长动力将开始逐渐消失。根据 Mankiw 和 Weil（1989）的研究结论，住房需求最旺盛的是 20~40 岁的人口，40 岁之后住房需求会开始下降。为简便分析，结合劳动力人口的年龄界定，本书推断 15~64 岁的劳动力人口是住房需求的主体。而根据本书人口预测结果，2030 年前无论哪种方案 15~64 岁劳动力人口数量均呈下降趋势。并且在 2025 年前后，三种方案的下降速度开始产生差距（见图 4.4）。具体来看，方案一劳动力人口的下降速度最快，其次是方案二和方案三。如图 4.4 所示，即使达到人口生育更替水平后，方案三的劳动力人口数量也会持续减少，只有在 2025 年后才能看到有小幅回升的趋势，但仍低于基期水平。方案二在调整生育政策后，在 2025 年后也开始看到成效，但仍不可避免地有加速下降的趋势。结合老年人口逐渐增多的预测趋势，2025 年前后我国的住房市场将会面临一次危机。届时，在劳动力人口减少和老年人口增多的双重压力下，住房市场会陷入低迷期。针对此研究结论，住房市场需要针对 2025 年前后可能出现的人口老龄化小高峰有所预警。

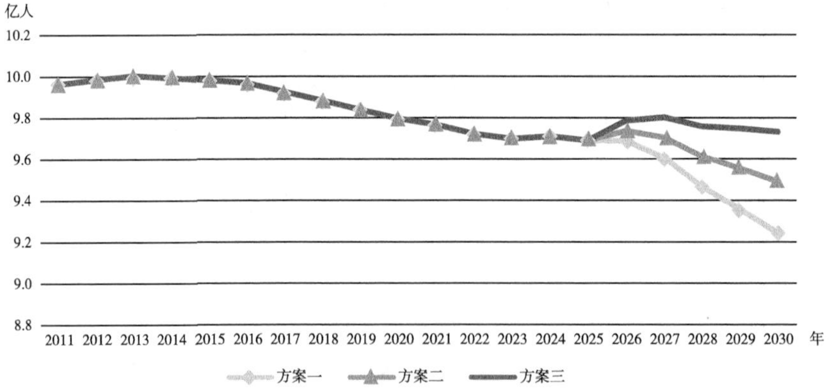

图 4.4 不同人口预测方案 15~64 岁劳动年龄人口趋势图

4.2 理论分析与研究假说

根据房地产供求理论的分析，决定住房需求的重要因素是人口及人口结构。人口数量是其中非常重要的因素，但绝不是唯一的影响因素。按照前文人口预测结果，未来我国人口总规模下降和人口老龄化加剧的趋势不可避免。届时人口金字塔将表现为中年人口和少儿人口少，老年人口多的倒三角状态。而按照生命周期消费理论，如果社会上的年轻人和老年人比较多，而中年人的人数下降，则整个社会的消费倾向就会提高。而住房作为一种特殊投资，建设周期较长，且不易损耗，因此具有耗资大和耐久性的特征。并且，从住房居住功能来讲，排除炒房的可能性，住房具有单一性和排他性。因为人不可能同时居住两套房屋。在这些特征的前提下，一般进入老年期，多数居民都会拥有至少一套住房。Mankiw 和 Weil（1989）认为“婴儿潮”一代进入老年期，是导致 20 世纪 90 年代美国住房需求大幅下降的主要原因。结合我国人口老龄化的现实背景，“婴儿潮”一代一旦陆续进入老年期，数量庞大的老年人口对住房需求的影响会越来越大。2019 年中国 65 岁及以上老年人口已达到 1.76 亿人。按照老年人口的增长速度，预计到 2035 年，当第二批“婴儿潮”进入老年期，我国的老年人口数量将达到 4 亿人。按照不同年龄结构对住房需求的差异性分析，如果人口年龄结构仍然为“两头大中间小”的收缩型状态，则会导致住房需求减少，产生大量的空置房和库存房，甚至会出现供过于求的市场非均衡状态，这无疑对住房市场是一个不小的冲击。杨华磊等（2015）基于我国 1960—2010 年出生的人口数据，发现 1998 年住房制度改革后住房价格的第一波高峰源自“80 后”回升“婴儿潮”进入适婚年龄；而 2014 年住房市场出现低迷的原因在于出生率较低的“90 后”一代进入适婚年龄；预测到 2030 年前后规模最大的一批“婴儿潮”步入老年期，对住房需求的影响会增大。

根据前文人口老龄化影响住房需求的趋势分析，我国人口老龄化对住房市场的冲击会体现在以下几个方面：

一是人口老龄化加速会导致社会整体财富水平下降，从而导致住房需求减少。传统劳动密集型产业发展所依赖的优势是劳动年龄人口增加所带来的人口红利。而随着人口老龄化的快速发展，劳动年龄人口会急速减少，使传统劳动密集型产业失去竞争的优势，迫使传统劳动密集型产业向技术密集型产业转型，从而增加企业的生产成本。企业为了追求利润最大化，则会控制成本减少雇佣劳动力，降低劳动工资水平，造成居民可支配收入减少，社会整体财富水平下降。根据房地产供求理论，社会财富水平下降则会导致住房需求减少。

二是人口老龄化加速会增加社会养老负担，对住房市场造成冲击。中国的人口老龄化是在“未富先老”、社会保障制度不完善、历史欠账较多、城乡和区域发展不均衡以及家庭养老功能较弱的情况下发生的。据历次人口普查数据显示，我国单户家庭的老年人数量在逐渐增加。2010 年的单户家庭老年人数从 1982 年的 0.22 人左右，增加至 2010 年的 0.41 人，增长了近 2 倍。根据生命周期理论，短期内快速人口老龄化会导致家庭养老负担加重，从而使家庭内消费、投资的比例发生变化，进而对住房市场产生影响。

三是人口老龄化加速会释放康养信号，改变投资市场份额。一方面，人口结构老龄化直接影响劳动力的供给水平，造成我国劳动力资源逐步短缺；另一方面，人口结构老龄化也将产生大量的康养服务需求。由此，数量庞大的老年人口会刺激相关领域经济的发展，增加对康养类健康人力资本投资，减少住房类固定资本投资。

结合我国“9073”养老结构模式，即 90%的老年人选择居家养老，7%的老年人选择社区养老，3%的老年人选择机构养老。无论是政策制定者，还是养老研究领域的专家学者，都认同居家养老在我国养老服务体系中的重要地位。之所以把居家养老认定为我国养老的主要模式，是基于我国传统养老文化观念的选择。中国人延续了几千年根深蒂固的养老观念是养儿防老。父母的养老问题是需要靠家庭和子女尽孝来完成的。有研究发现，我国老年人仍存在对儿子的偏好，而且还热衷于在家庭中培养大家庭观念。可见，我国养老问题社会化的观念尚未形成，养老仍以家庭承担为主。因此，像西方流行的机构养老和社会养老并不被大众所接受。甚至有人认为，把父母送到养老院是一种不孝的表现。因此，多数情况下，父母进入老年期会选择和子女同住。当然，随着社会文化观念的转变，也有部分父母会选择独居，不与子女同住。照此思路，如果父母选择和子女同住，非但不会增加住房需求，反而会减少住房需求，导致产生额外的住房存量再次进入住房市场；如果父母选择独居，也是在现有住房基础上居家养老，也不会产生新的住房需求。根据六普数据显示，我国自有住房率高达 74.2%。而 2015 年 CHARLS 调查数据显示，退休老年人的资产占比中，住房是除养老金外占比最大的一项。由以上两个数据可以推断，我国老年人中绝大多数都拥有自己的住房。随着社会经济条件的不断改善和人们生活观念的逐步转变，老年独居家庭和老年夫妇家庭逐步增多。据六普数据显示，我国2010年老年独居家庭和老年夫妇家庭占比达到29.68%。越来越多的老年人选择不与子女同住，这也意味着他们在不更换住房的前提下不会选择新增住房。据此，形成研究假说H1。

H1：人口老龄化对住房需求具有抑制作用，并且会伴随人口老龄化的加深而增大。

4.3 实证研究

4.3.1 模型构建

（1）理论模型

由于Diamond（1965）提出的世代交迭模型（Overlapping Generation Model，OLG模型）把宏观经济模型的动态变化建立在微观层面的决策上。因此，OLG模型被视作宏观经济模型建立微观基础的模型之一，另一个模型是拉姆齐模型。经典OLG模型区别于拉姆齐模型的关键在于OLG模型考虑了人口的新老更替，即假定新的个体会陆续进入经济，而老的个体会衰亡。在新老更替的情况下，OLG模型假设时间变量$t=0，1，2，\cdots$，用来刻画经济个体的生存期。经典OLG模型假设经济个体仅存活两期，即成年期和老年期。每一期社会上都存在年轻人和老年人两个类型的群体。每个年轻人在t期生产劳动获得收入用于t期的消费和储蓄；而在$t+1$期年轻人转变为老年人，没有生产能力但可以消费在t期的储蓄及其利息。同时，该模型还可以考虑人口的增长问题，即人口生育问题。因此，由于该模型考虑了人口的不断出生和陆续衰亡问题，所以更适合用于研究人口老龄化问题。

本节在经典OLG模型2期的基础上，将模型拓展为少儿、成年人和老年人3期来分析代表性家庭生命周期的住房消费组合选择问题。经济人在幼年时由父母养育生活和学习，他们没有收入，所有的支出全部依靠父母，与父母共住一套住房；成年期离开父母，获得就业岗位取得收入，在结婚时组建自己的家庭，购买自己的房屋；老年期收入下降，消费增加，储蓄也相应降低。根据生命周期理论，经济人一生的收入是固定的，因此每一期的支出要受到收入的约束。

本部分在 OLG 两期模型的基础上把模型拓展为三期构建住房和消费效用函数，其形式如下：

$$U_t = \ln C\alpha_t H1-\alpha_t \tag{4.1}$$

其中，单个家庭效用函数由住房消费 H_t 和非住房消费 C_t 组成。假定经济人 α 可以存活三期，其生命周期横跨三期，分别表示为［0，1，2］期。每一期都有一代人出生，出生的当期为少儿，下一期为成年人，下下一期为老年人，则每一期都同时存在三代人。a 的下一代为 b，下下一代为 c，则经济人 a 的生命周期效用最大化函数为：

$$\max E_1\ (Z_a) = \sum_{t=0}^{2}\beta t U_{at} + \gamma_{t+1}\ (1+n_a) U_{bt+1} + \gamma_{t+2}\ (1+n_a)\ \beta \ln \frac{T_{at+2}}{P_{t+2}} \tag{4.2}$$

$$\text{s. t. } M_{at+1} = (1+r)\ [\gamma_{at+1} - C_{at+1} - \mathrm{d}P_{t+1}H_{at+1} + T_{a-1} - (1+n_a)\ C_{bt+1}]$$

$$M_{at+2} = (1+r)\ [M_{at+1} + \gamma_{at+2} - C_{at+2} - (1-d)\ P_{t+1}H_{at+1}\ (1+R) - (H_{at+2} - H_{at+1})\ P_{t+2}k_{t+2} - (1+n_a)\ T_{at+2}]$$

其中，目标函数中 E_1 是第一期的期望算子。令 a 的生育率为（$1+n$）。β 是折现因子，U_{at} 表示 a 在生命周期内的效用总和。γ_{t+1} 和 γ_{t+2} 分别代表经济人 a 在成年期抚养下一代人 b 时的代际支持程度，以及在老年人帮助下一代人 b 购房时的代际支持程度。U_{bt+1} 是 b 代人在少儿期的总效用。由于下一代人子女 b 在幼年期与父母同住一套住房，因此 b 代人在少儿期的住房效用也一并计入 U_{bt+1}，并包含在 a 的总效用函数中。T_{at+2} 为 a 在老年期资助子女购买住房所支付的转移支付。M_{at+1} 和 M_{at+2} 分别表示 a 在成年期和老年期所积累的财富。T_{a-1} 为 a 在成年期购买首套婚房时获得上一代父母的资助。γ_{at+1} 和 γ_{at+2} 分别表示 a 在成年期的预期收入，以及 a 在老年期的预期收入，其预期收入增长率为（$1+g_y$），则 $\gamma_{at+2} = (1+g_y)\ \gamma_{at+1}$。由于有经济人在死亡时没有任何遗产的假设，因此横截条件 $M_{at+2}=0$。C_{at+1}、C_{at+2} 和 C_{bt+1} 表示 a 在成年期和老年期的非住房消费，以及 a 在成年期抚养子女 b 的非住房消费。为简便计算，令非住房消费标准化为 1。假定住房消费时的首付比例和贷款利率都是外生给定的，d 表示住房消费的首付比例，（$1+R$）为贷款利率。H_{at+1} 为 a 代人中年期购买的耐久性住房。H_{at+2} 为 a 在老年期时购买的住房，购买此套住房的预算约束为（$H_{at+2}-H_{at+1}$）P_2k_2。P_{t+1}、P_{t+2} 分别为 a 在成年期和老年期的住房价格，令 $\frac{P_{t+2}}{P_{t+1}} = 1+g_p$。$k_{t+2}$ 表示房产资本当期折现率。

求解 a 的生命周期最优化问题，则老年期的 Bellman 方程为：

$$V_1\ (M_{at+2})\ =\max_{C_{at+2},H_{at+2},T_{at+2}}\{[U_{at+2}+\gamma_{t+2}\ (1+n_a)\ \ln\frac{T_{at+2}}{Pt+_2}]\ +\beta V_0\ (M_{at+2})\}\tag{4.3}$$

$$\text{s.t. } M_{at+2}=(1+r)\ [M_{at+1}+y_{at+2}-C_{at+2}-\ (1-\text{d})\ P_{t+1}H_{at+1}\ (1+R)\ -\ (H_{at+2}-H_{at+1})\ P_{t+2}k_{t+2}-\ (1+n_a)\ T_{at+2}]\ =0$$

$$C_{a2}\geqslant 0$$

$$T_{a2}\geqslant 0$$

由于OLG模型的核心是经济人在死亡时不留遗产，总储蓄为0。故令横截条件$M_{at+2}=0$，对上式一阶求导得老年期的最优控制决策，

$$C\times_{at+2}=\frac{a}{1+\gamma_{t+2}\ (1+n_a)}\ [M_{at+1}+y_{at+2}-\ (1-\text{d})P_{t+1}H_{at+1}\ (1+R)\ +H_{at+1}P_{t+2}k_{t+2}]\tag{4.4}$$

$$H\times_{at+2}=\frac{1-a}{P_{t+2}k_{t+2}\ [1+\gamma_{t+2}\ (1+n_a)\ ]}\ [M_{at+1}+y_{at+2}-\ (1-\text{d})\ P_{t+1}H_{at+1}\ (1+R)\ +H_{at+1}P_{t+2}k_{t+2}]\tag{4.5}$$

$$T\times_{at+2}=\frac{\gamma_2}{1+\gamma_{t+2}\ (1+n_a)}\ [M_{at+1}+y_{at+2}-\ (1-\text{d})P_{t+1}H_{at+1}\ (1+R)\ +H_{at+1}P_{t+2}k_{t+2}]\tag{4.6}$$

用包络条件求值函数$V_1\ (M_{at+1})$，

$$V_1\ (M_{at+1})\ =a\ln C\times_{at+2}+\ (1-a)\ \ln H\times_{at+2}+\ (1+n_a)\gamma_2\ln\frac{T\times_{at+2}}{P_{t+2}}\tag{4.7}$$

把式（4.7）向前迭代得中年期值函数，

$$V_2=\max_{C_{at+1},C_{bt+1},H_a}\{\ [U_{at+1}+\gamma_{t+1}\ (1+n_a)U_{bt+1}]\ +\beta E\ [V_1\ (M_{at+1})\ ]\ \}\tag{4.8}$$

$$\text{s.t. } M_{at+1}=\ (1+r)\ [y_{at+1}-C_{at+1}-\text{d}P_{t+1}H_{at+1}+T_{a-1}-\ (1+n_a)C_{bt+1}]$$

$$C_{at+1}\geqslant 0$$

$$T_{at+1}\geqslant 0$$

将中年期最优决策$V_1\ (M_{at+1})$的解代入式（4.8），整理得Bellman方程的一阶条件，

$$\frac{\beta C_{at+1}}{a}=E\left\{\frac{M_{at+1}+y_{at+2}-\ (1-\text{d})P_1H_{a1}\ (1+R)\ +H_{at+1}P_{t+2}k_{t+2}}{(1+r)\ [1+\ (1+n_a)\gamma_{t+2}]}\right\}\tag{4.9}$$

$$\frac{\beta C_{bt+1}}{\gamma_{t+1}a}=E\left\{\frac{M_{at+1}+y_{at+2}-\ (1-\text{d})P_{t+1}H_{at+1}\ (1+R)\ +H_{at+1}P_{t+2}k_{t+2}}{(1+r)\ [1+\ (1+n_a)\gamma_{t+2}]}\right\}\tag{4.10}$$

$$\frac{\beta H_{at+1}}{(1-a)[1+\gamma_{t+1}(1+n_a)]}=E\left\{\frac{M_{at+1}+y_{at+2}-(1-\mathrm{d})P_{t+1}H_{at+1}(1+R)+H_{at+1}P_{t+2}k_{t+2}}{[1+(1+n_a)\gamma_{t+2}][\mathrm{d}P_{t+1}(1+r)+(1-\mathrm{d})P_{t+1}(1+R)-P_{t+2}k_{t+2}]}\right\} \tag{4.11}$$

合并式（4.10）和式（4.11）得到，

$$H_{at+1}=E\left\{\frac{C_{at+1}(1-a)[1+(1+n_a)\gamma_{t+1}]\cdot(1+r)[1+(1+n_a)\gamma_{t+2}]}{a[\mathrm{d}(1+r)P_{t+1}+(1-\mathrm{d})P_{t+1}(1+R)-P_{t+2}k_{t+2}]}\right\} \tag{4.12}$$

把式（4.12）代入状态方程求得 C_{at+1}，

$$C_{at+1}=\frac{a[y_{at+1}(2+r+g_y)+T_{a-1}(1+r)]}{(1+r)\{1+\beta+r_{t+1}(1+n_a)+(1+n_a)r_{t+2}[1+\beta-a+(1+n_a)(1-a)r_{t+1}]\}}$$
$$=\frac{a[y_{at+1}(2+r+g_y)+T_{t+1}(1+r)]}{(1+r)F} \tag{4.13}$$

为简便计算，令 $F=1+\beta+r_{t+1}(1+n_a)+(1+n_a)r_{t+2}[1+\beta-a+(1+n_a)(1-a)r_{t+1}]$，整理得到 H_{at+1}，

$$H_{at+1}=\frac{(1-a)[1+(1+n_a)r_{t+1}]\cdot(1+r)[1+(1+n_a)r_{t+2}]}{P_1[\mathrm{d}(1+r)+(1+\mathrm{d})(1+R)-(1+g_{p_{t+2}})k_{t+2}]}\cdot$$
$$\frac{[y_{at+1}(2+r+g)+T_{a-1}(1+r)]}{(1+r)F} \tag{4.14}$$

本部分的研究重点是要分析 H_{at+2} 和 H_{at+1} 之间的关系。当 $H_{at+2}>H_{at+1}$ 时，表示老年人在老年期购买住房；当 $H_{at+2}<H_{at+1}$，表示老年人在老年期减少住房。由式（4.5）和式（4.14）可以发现，老年期的最优住房决策 H_{at+2} 与中年期的财富和老年期的收入成正比。中年期财富积累越多，则老年期就更有可能新增住房；老年期收入越高，则老年期也更有可能新增住房。同时，老年期的最优住房决策 H_{at+2} 还会受到中年期所购住房的影响。中年期所购住房收益越高，即资本折现率 k_{t+2} 和老年期房价越高，则老年人口越有可能卖掉中年期所购住房而重新购置住房；中年期所购住房贷款利率 R 越高，首付比例 d 越低，意味着老年人在老年期还要继续偿还中年期所购房屋的贷款，则老年人新增住房的可能性越小。除考虑上述因素外，受中年期所购房屋 H_{at+1} 约束限制，还要考虑式（4.14）的最优决策问题。中年期的住房需求要受到当期房价、当期贷款利率和首付比例，以及当期收入和收入增长率的影响。其中，需要注意的是，人口生育率对住房需求影响的不确定性，因为在式（4.5）中人口生育率（$1+n$）与 H_{at+2} 的关系成反比，但与 H_{at+1} 的关系却成正比，同时还要受到父母抚养子女和帮助购房的代际支持程度影响。但按照前文生命周期消费理论和 Mankiw 和 Weil

(1989) 的研究结果，经济人住房需求的高峰期是在成年期。因此，生育率对于住房需求的影响，主要考虑 H_{at+1} 的推导结果。人口生育率 $(1+n_a)$ 代表 a 代人的生育水平，即 b 代人的规模，意味着生育水平越高，人口规模越大，则住房需求越高。结合前文理论分析和本节的理论模型推导可以发现，老年期购买住房的最优决策取决于中年期人口生育水平、购买的住房以及相应的经济环境和住房贷款利率政策。并且按照前文的理论分析以及人口生育水平普遍较低的现实情况，$H_{at+2}<H_{at+1}$ 是必然趋势，即老年人进入老年期购买住房的可能性非常低。

(2) 实证模型

依照前文研究假设，本书构建人口老龄化影响住房需求的静态基准模型如下：

$$H_{it}=\alpha_1+\alpha_2 Aging_{it}+\alpha_3 Control_{it}+u_{it} \tag{4.15}$$

其中，H 为被解释变量，表示 i 省份第 t 年的住房需求；$Aging$ 表示人口老龄化程度，α_2 为人口老龄化程度的系数；控制变量包括城镇登记失业率 $Unem$、城镇化水平 $Urban$、家庭规模 $Famsize$、人均 GDP、利率 $Rate$ 和住宅平均销售价格 $Price$。u 是随机扰动项，反映未被观测到的变量对被解释变量的影响。

由于房地产市场的住房交易量会受到前一年住房销售额的影响，因此在衡量住房需求时引入了住房需求的滞后项，选取住房销售套数和住房销售面积的滞后一期构建动态空间面板模型来进行估计。下一步，在式 (4.15) 静态基准模型的基础上，加入住房需求的滞后一期构建动态面板模型，

$$H_{it}=\beta_1+\beta_2 H_{i,t-1}+\beta_3 Aging_{it}+\beta_4 Control_{it}+u_{it} \tag{4.16}$$

其中，$H_{i,t-1}$ 表示被解释变量 H_{it} 的滞后一期，代表住房需求的动态效应。其他变量含义同式 (4.15)。

4.3.2 指标选取及数据说明

(1) 指标选取

本书的被解释变量为住房需求，分别使用住房销售套数 $Unit$ 和住房销售面积 $Area$ 作为衡量指标，代表居民户在住房数量和住房质量上的实际住房需求。基于前文对住房需求概念和房地产供求理论的分析，住房需求是决定住房均衡价格的决定性因素，因此本书认为用住房销售套数和住房销售面积来反映居民在住房数量和质量上的需求，能够更加聚焦于住房市场

的实际需求，回归住房需求概念的本质。丁洋和郑江淮（2018）在分析人口老龄化对住房需求影响时，也选取住房销售套数和住房销售面积作为衡量指标。基于上述原因，本书也选取住房销售套数 *Unit* 和住房销售面积 *Area* 来衡量住房在数量上和质量上的需求。*Unit* 和 *Area* 为《中国统计年鉴》中“房地产开发企业住宅销售套数”和“住房商品房销售面积”的数据。由于在实际买卖过程中，大多存在期房销售的现象，因此本部分所选取的 *Unit* 数据包括期房销售数量。同 *Unit* 类似，*Area* 指一定时期内房屋销售合同中所列明的销售房屋的总面积，也包括期房部分。

本书的核心解释变量人口老龄化的衡量指标为老年抚养比 *OADR*。在研究人口老龄化问题给社会经济带来的影响问题时，*OADR* 由于更能体现社会的养老负担问题和劳动力就业问题，因此在指标选取上可能更具优势。*PA*65 作为稳健性检验的衡量人口老龄化的替换指标。*CIEOAD* 由于在空间相关性检验室回归结果不佳，为保障后续章节分异性研究空间效应分析变量选取的一致性和研究结果的有效性，在实证部分选用该变量。*OADR* 的数据为《中国统计年鉴》各省（区、市）每年人口抽样调查中的“老年人口抚养比”；*PA*65 的数据来自《中国人口与就业统计年鉴》中各省份每年人口抽样调查中，“65 岁及以上人口数”与“人口数”的比值。

根据房地产市场供求理论，影响住房需求的因素除本书所研究的核心问题人口老龄化外，还包括人口规模、财富、投资偏好、住房收益和其他收益等。结合现有文献对住房需求的影响因素分析，本书控制变量的选取如下：

总量因素：本书从人口和家庭来衡量总量因素，分别选取城镇化率和家户规模来作为代理变量。住房的首要功能是为人们提供居所。因此，人口规模是影响住房需求非常重要的因素。本书选取城镇化率来衡量城镇人口总量，用城镇人口数与年均人口数进行计算。现有研究也发现人口规模增加对住房需求增长具有显著的促进作用。李超等研究发现城镇人口的规模增长是导致我国近 20 年来住房需求上升的主要原因。除此之外，购房通常是以家庭为单位的住房选择，家庭户数的多少也会影响住房需求的总量问题。陈彦斌和陈小亮（2013）认为，除城镇化因素外，家庭规模小型化也是导致住房需求增长的因素之一。本书选取家庭规模来衡量家庭户数，在人口总量不变的情况下，如果家庭规模变小，家庭户数增多也会使得住房需求增加。家庭规模数据选取自《中国统计年鉴》每年人口抽样调查中“平均家庭户规模”的数据。虽然人口总量和家庭户数都能在一定程度上反映总量因素对住房需求的影响，但二者均未涉及人口年龄结构对住房需求的影响。

富裕程度：本书选取城镇登记失业率和人均 *GDP* 来衡量富裕程度。其中，城镇登记失业率使用《中国统计年鉴》中的城镇登记失业率来衡量各地区的失业水平；人均 *GDP* 以 2005 年为基期进行了价格平减。按照房地产供求理论，人们拥有的财富越多，对住房的需求越大。失业率的高低和人均 *GDP* 可以在一定程度上反映该地区的经济发展程度，进而影响消费者的富裕程度，尤其是对于住房大额消费的负担能力。

投资偏好因素：本书选取利率作为住房投资偏好的代理变量。其中，5 年以上人民币贷款基准利率数据来自中国人民银行网站。为消除通货膨胀的影响，本书用人民币法定贷款 5 年以上基准利率加权计算获得每年基准利率，再减去各省每年通货膨胀率，求得真实利率水平 *Rate*。西方经济学中，住房是作为投资品进行核算。在影响投资的众多因素中，利率是主要因素，而利率是投资的减函数，即利率水平越高，投资者的投资意愿就越小。随着房价水平的不断上涨，自 2004 年起，中央银行几乎每年都会通过上调贷款基准利率来控制住房需求的增加。2010 年出台的“新国十条”限购政策，贷款利率也是其中重要的货币调控政策。而随着 2019 年中央“因城施策”房地产调控要求，各地出台的房地产调控政策也各不相同，但贷款利率都在其中扮演了重要的角色，并且都是比照中央银行贷款基准利率制定相应的实施细则。曾国安等（2018）通过定性理论分析和建立误差修正模型，发现货币政策的历次调整会对住房需求的波动产生影响。虽然利率在一定程度上可以影响消费者的住房购买决策，但影响甚微。

住房收益因素：本书选取住房价格作为住房收益的代理变量，住宅平均销售价格选取自《中国统计年鉴》中各地区“住宅商品房平均销售价格”的数据。当住房被当作投资品时，住房价格升高时，意味着居民拥有的住房收益会增加，则居民购买住房的投资意愿会越强。而依据目前房价持续十余年居高不下的态势，房地产市场的供求关系已经严重违反了正常的市场规律，住房已经偏离了居住消费的基本功能。因此也需要运用住房价格来再次检验住房在我国市场经济中的定位。如果住房价格对住房需求呈正向影响关系，则证实了当下住房的投资定位，需要及时调整市场导向，真正让房子回归“房住不炒”的基本定位。

综上所述，控制变量城镇登记失业率、城镇化率、家户规模、人均 *GDP* 和住宅平均销售价格等数据均来自《中国统计年鉴》。同时，对住房交易套数、住房交易面积、家户规模、人均 *GDP* 和住宅平均销售价格的数据都做了对数处理。

（2）数据说明

本部分数据主要选取自《中国统计年鉴》和《中国人口与就业统计年鉴》，把我国30个省（区、市）（由于数据缺失问题，我国港澳台及西藏自治区暂不考虑）作为研究对象，样本时间横跨2005—2019年。由于我国城市层面的人口老龄化数据统计目前尚未开展，因此本书的数据选取仅限于省级层面。由于住房需求对住房制度改革的政策反应具有一定的时滞性，房改政策对住房需求以及房价的刺激作用从2005年前后才开始显现。而且，受限于住房销售套数的数据可得性，故选取2005年作为研究数据的起点。具体变量描述性统计见表4.1。

表4.1 主要变量描述性统计

变量类型	变量	含义	样本数	平均值	标准差	最小值	最大值
被解释变量 *H*	*Unit*	住房交易套数对数	450	12.31	0.90	9.21	14.01
	Area	住房交易面积对数	450	7.77	0.90	4.69	9.51
核心解释变量 *Aging*	*OADR*	老年抚养比（%）	450	13.42	3.00	7.40	23.80
	PA65	老年人口系数（%）	450	9.63	2.07	5.47	16.26
控制变量 *Control*	*Unem*	城镇登记失业率（%）	450	3.45	0.67	1.20	5.60
	Urban	城镇化率（%）	450	54.11	13.93	26.86	94.15
	Famsize	家户规模对数	450	1.12	0.11	0.85	1.42
	GDP	人均*GDP*对数	450	10.41	0.65	8.56	12.01
	Rate	利率（%）	450	5.84	0.97	4.22	7.54
	Price	住宅平均销售价格对数	450	8.26	1.30	2.01	10.56

从表4.1中可以看出，所有变量数据统计结果均有一定的变异性，符合计量分析基本要求。*OADR*和*PA65*的最大值和最小值之间差异较大，表明我国人口老龄化的程度存在区域差异性。其中，*OADR*最大值达到23.80%，是2019年的山东省，已超过人口红利的微弱型的标准；*OADR*最小的是2011年的宁夏，仅为7.40%，还处于人口红利强质型。*PA65*最大值为16.26%，是2019年的上海，已达到重度老年型社会；*PA65*最小值为5.47%，也是宁夏，只是变为2012年，彼时还处于成年型社会。

4.3.3 实证结果及分析

根据前文分析步骤，本部分先对式（4.15）进行了回归，静态面板模型的回归结果见表 4.2。适用于静态面板的模型包括混合回归模型、RE 模型和 FE 模型。按照静态面板模型的选择步骤，首先对式（4.15）进行混合回归，通过 F 检验确定是否应该选用 FE 模型，LM 检验确定是否应该选用 RE 模型。最后根据 Hausman 检验结果确定应该使用 FE 模型还是 RE 模型。从表 4.2 人口老龄化对 *Unit* 和 *Area* 的全样本静态模型回归结果来看，F 检验的结果强烈拒绝混合回归有效的原假设，表明 FE 模型明显优于混合回归模型；LM 检验的结果强烈拒绝不存在随机效应的原假设，表明 FE 模型的回归结果也要优于混合回归模型。最后，Hausman 检验的回归结果都显著拒绝了 RE 模型更有效的原假设，表明应该使用 FE 模型。根据上述检验过程，表明 FE 模型是最优模型，并且在所有回归过程中均使用了聚类文件标准误。为对比分析，表 4.2 中列出了混合回归模型、RE 模型和 FE 模型的回归结果。

从表 4.2 中 M.3 和 M.6 FE 模型的回归结果来看，核心解释变量 *OADR* 对 *Unit* 的回归结果在 5%的显著性水平下显著为负，表明人口老龄化对住房销售套数有显著的抑制作用。但 *OADR* 对 *Area* 的回归结果未通过显著性水平检验。这表明人口老龄化对住房销售套数的影响要显著于住房销售面积。从表 4.2 中 FE 模型控制变量的回归结果来看，除人均 *GDP* 的回归结果系数通过了 1%的显著性水平检验外，其余控制变量的回归结果均未通过显著性水平检验。

根据现有研究和经验分析，本书关注的被解释变量住房需求是一个动态发展的过程，上一年的住房需求量会影响下一年的住房需求量，FE 模型由于无法解决被解释变量动态性所造成的扰动项自相关所产生的内生性问题，导致估计结果有偏。因此，需要在静态面板模型的基础上，在解释变量中加入被解释变量的滞后一期，构建动态面板模型来解决扰动项自相关所造成的内生性问题。

表 4.2 人口老龄化对住房需求的总影响分析：静态面板回归结果

变量	M.1	M.2	M.3	M.4	M.5	M.6
	住房销售套数 *Unit*			住房销售面积 *Area*		
	OLS	RE	FE	OLS	RE	FE
OADR	0.111***	−0.019	−0.043**	0.112***	−0.008	−0.031*
	(2.98)	(−1.20)	(−2.34)	(3.03)	(−0.50)	(−1.71)
Unem	0.106	−0.024	−0.033	0.106	−0.034	−0.037
	(0.80)	(−0.33)	(−0.38)	(0.83)	(−0.50)	(−0.43)

续表

变量	M. 1	M. 2	M. 3	M. 4	M. 5	M. 6
	住房销售套数 *Unit*			住房销售面积 *Area*		
	OLS	RE	FE	OLS	RE	FE
Urban	-0. 058***	-0. 006	0. 019	-0. 062***	-0. 001	0. 026
	(-7. 08)	(-0. 49)	(1. 08)	(-7. 86)	(-0. 08)	(1. 44)
Famsize	-0. 765	0. 330	0. 299	-0. 616	0. 267	0. 164
	(-0. 78)	(0. 77)	(0. 79)	(-0. 59)	(0. 62)	(0. 46)
GDP	1. 669***	1. 153***	1. 094***	1. 725***	1. 005***	0. 974***
	(6. 51)	(5. 43)	(3. 37)	(6. 99)	(4. 62)	(3. 22)
Rate	0. 154**	0. 029	0. 029	0. 157**	0. 013	0. 014
	(2. 59)	(1. 22)	(1. 02)	(2. 66)	(0. 57)	(0. 49)
Price	0. 047	-0. 054	-0. 260	0. 054	-0. 088	-0. 342
	(1. 08)	(-0. 28)	(-0. 74)	(1. 15)	(-0. 43)	(-1. 04)
Cons.	-3. 792	1. 181	2. 474*	-8. 972***	-1. 809	-0. 430
	(-1. 27)	(0. 92)	(1. 78)	(-3. 13)	(-1. 43)	(-0. 31)
F 检验	71. 95***			77. 78***		
LM 检验	1284. 94***			1303. 86***		
Hausman 检验	—	83. 22***		—	92. 37***	
R^2	0. 5199	0. 6720	0. 6870	0. 5210	0. 6650	0. 6701
Obs.	450	450	450	450	450	450

注：*** 表示 p<0. 01，** 表示 p<0. 05，* 表示 p<0. 1，括号内为 *t* 值。

本书的研究对象为 30 个省 15 年的短面板数据（通常时间 T 较小，而横截面 *n* 较大的面板数据称为短面板数据）。短动态面板模型的估计方法一般包括差分 GMM 和系统 GMM。Blundell 等（1998）提出的系统 GMM 方法既解决了内生性问题，也避免模型使用差分 GMM 损失样本的缺陷。由于本书使用的省级面板数据，为避免减少样本所带来的估计有偏问题，本书选择系统 GMM 进行估计。为保证一致估计，首先需要对系统 GMM 进行工具变量过度识别检验，系统 GMM 所提供 *Sargan* 检验可以有效识别工具变量是否有效的问题。其次，检验扰动项是否存在自相关问题，如果扰动项不存在二阶以上自相关，则通过检验。表 4. 3 中，*Sargan* 检验的结果分别为 0. 9884 和 0. 5961，接受了所有工具变量均有效的原假设；*AR*（1）和 *AR*（2）的检验结果表明扰动项的差分存在一阶自相关，但不存在二阶自相关，可以接受扰动项无自相关的原假设。这表明，模型设定合理，可以进行系统 GMM 估计。

表 4.3　人口老龄化对住房需求的总影响分析：动态面板回归结果

变量	M. 7	M. 8	M. 9	M. 10	M. 11	M. 12
	Unit	*Unit*	*Unit*	*Area*	*Area*	*Area*
	OLS	FE	SYS-GMM	OLS	FE	SYS-GMM
L1. Unit	0. 973*** (64. 91)	0. 757*** (18. 63)	0. 602*** (12. 58)	—	—	—
L1. Area	—	—	—	0. 975*** (63. 83)	0. 736*** (19. 81)	0. 338*** (11. 50)
OADR	−0. 001 (−0. 25)	−0. 022*** (−3. 00)	−0. 010** (−2. 13)	−0. 001 (−0. 29)	−0. 018*** (−2. 99)	−0. 014*** (−4. 10)
Unem	0. 024 (1. 43)	−0. 014 (−0. 44)	0. 009 (0. 32)	0. 022 (1. 28)	−0. 026 (−0. 79)	0. 034** (2. 11)
Urban	−0. 004** (−2. 06)	−0. 004 (−0. 60)	−0. 034*** (−5. 74)	−0. 004** (−2. 27)	−0. 002 (−0. 36)	−0. 028*** (−12. 79)
Famsize	0. 003 (0. 02)	0. 200 (1. 12)	−0. 149 (−1. 14)	−0. 013 (−0. 10)	0. 203 (1. 07)	−0. 216*** (−2. 70)
GDP	−0. 023 (−0. 47)	0. 096 (0. 59)	0. 306** (2. 39)	−0. 008 (−0. 15)	0. 094 (0. 86)	−0. 252*** (−2. 62)
Rate	−0. 016 (−1. 35)	−0. 086*** (−6. 56)	−0. 085*** (−10. 81)	−0. 029** (−2. 38)	−0. 086*** (−5. 42)	−0. 079*** (−7. 72)
Price	0. 010 (1. 22)	−0. 089 (−0. 68)	0. 239*** (4. 56)	0. 008 (0. 92)	−0. 079 (−1. 15)	0. 379*** (8. 82)
Cons.	0. 776 (1. 55)	3. 646*** (6. 06)	2. 471*** (5. 75)	0. 629 (1. 20)	2. 513*** (3. 14)	2. 018*** (4. 49)
R^2	0. 955	0. 830	—	0. 956	0. 813	—
Sargan 检验	—	—	0. 9884	—	—	0. 5961
AR（1）	—	—	0. 0002	—	—	0. 0253
AR（2）	—	—	0. 3400	—	—	0. 9180
样本数	420	420	420	420	420	360

注：*** 表示 p<0. 01，** 表示 p<0. 05，* 表示 p<0. 1；*L1. Unit*、*L1. Area* 分别表示住房销售套数和住房销售面积的一阶滞后项；OLS、FE 回归结果括号内为 *t* 值，系统 GMM 回归结果括号内为 *z* 值；*Sargan* 检验、*AR*（1）和 *AR*（2）汇报的是对应的 P 值，下同。

为进行对比分析，表 4.3 分别列出了采用 OLS 模型、FE 模型和系统 GMM 模型进行估计的动态面板模型回归结果。根据 *Sargan* 检验、*AR*（1）和 *AR*（2）检验，确定模型的最大滞后阶数为 3。表 4.3 系统 GMM 回归结果显示，*Unit* 和 *Area* 的滞后一期都通过了 1%的显著性水平检验，并且显著为正，表明 *Unit* 和 *Area* 存在显著的动态效应。并且固定效应模型的回归结果，*OADR* 对 *Area* 的回归结果也通过了 5%的显著性水平检验，显著为负。对比 OLS、FE 和系统 GMM 的回归结果发现，三个模型中人口老龄化对住房需求的回归系数有差异，主要原因是由于 OLS 的估计方法无法控制地区固定效应，而固定效应模型无法解决模型内生性问题，从而导致两种模型的估计结果有偏。系统 GMM 由于可以解决住房需求动态性所引致的自相关所产生的内生性问题，因而回归结果更优。

由表 4.3 中系统 GMM 核心解释变量的回归结果可以发现，*OADR* 对 *Unit* 和 *Area* 的回归系数均为负，且通过了 1%的显著性水平检验，表明人口老龄化对住房销售套数和住房销售面积均具有显著的抑制作用。并且，由于 *OADR* 的系数显著为负，表明人口老龄化对住房需求的负面影响会随着老年抚养比的增加而加剧。M.9 和 M.12 中，*OADR* 对 *Area* 的回归系数绝对值要大于住房销售面积的回归系数绝对值，表明人口老龄化对住房销售面积的抑制作用要大于住房销售套数，即 *OADR* 每上升 1%，会导致 *Unit* 下降 1%，而 *Area* 则减少 1.4%。核心解释变量 *OADR* 的回归结果表明人口老龄化对住房需求具有抑制作用，并且会随着人口老龄化程度加深而变大。

从表 4.3 中系统 GMM 控制变量的回归结果来看：

城镇登记失业率对 *Area* 的回归系数为负，且在 1%的显著性水平上通过了检验，但对 *Unit* 的回归结果未通过显著性水平检验。*Unit* 不显著的原因在于我国的城镇登记失业率的数据统计仅限于有城市户口的户籍人口，低估了流动人口给城市带来的住房需求的影响，从而造成失业率对 *Unit* 的回归结果不显著。

城镇化水平通过了 1%的显著性水平检验。城镇化水平对 *Unit* 和 *Area* 的影响均为负，表明城镇化水平的提高会抑制住房需求。不可否认的是，在中国住房需求持续高涨的过程中，城镇化在其中扮演了非常重要的作用。城市快速吸纳人口的过程中也带来了大量的住房刚性需求，但当城镇人口达到峰值超过城市承载程度时，大规模城市的弊病就会逐渐显现。子女入学、学区房价格的高涨和老年人就医等问题的加重都会在一定程度上导致对城镇人口的挤出，从而导致住房需求的不断上升或下降。

家户规模对 *Area* 的回归系数在 5%的显著性水平上显著为负，表明家户规模与 *Area* 呈反向变动关系。但家户规模对 *Unit* 的回归结果未通过显著性水平检验。究其原因，是家户规模的缩小将导致产生更多 3 人户以下的主干型家庭，对住房面积会以 90 平方米及以下的小型化刚性需求为主。而《中国统计年鉴》的数据显示，我国 90 平方米及以下住房投资累计增长率一直为负，144 平方米以上的住房投资累计增长率则持续为正，表明我国目前房地产市场仍然是以 144 平方米以上的大户型为主。而且本书根据《中国统计年鉴》数据计算发现，本书所选取样本区间内全国所销售住房的平均住房面积为 108. 3 平方米/套。样本期内没有 90 平方米及以下的户型，因此家户规模缩小导致对小户型数量的回归结果不显著。

人均 *GDP* 对 *Unit* 的回归系数为正，且通过了 5%的显著性水平检验；但人均 *GDP* 对 *Area* 的系数为负，且通过了 1%的显著性水平检验。究其原因在于经济发达地区具有强大的人才“虹吸效应”，大量的人才聚集会导致该地区的住房需求的持续上升。而人均 *GDP* 较高的地区一般房价都较高，面对住房的刚需，消费者通常会先满足住房量的需求进而再逐渐提升住房面积质的需求。人均 *GDP* 较低的地区地广人稀，房价也较低，反而住房面积会较大。

利率对住房需求的回归结果显著为负，表明利率作为中央房价调控的主要宏观经济货币政策，在其中起到了一定的控制房价过快增长的作用。自 2004 年起，中央银行几乎每年都会通过上调贷款基准利率来控制住房需求的增加。2010 年出台的“新国十条”限购政策，贷款利率也是其中重要的货币调控政策。而随着 2019 年中央“因城施策”房地产调控要求，各地出台的房地产调控政策也各不相同，但贷款利率也在其中扮演了重要的角色。对于刚性住房需求而言，利率上调会给消费者造成还贷压力；对于投资型住房需求者而言，利率上升则会减小投资者的投资欲望。无论是刚性住房需求者还是投资型住房需求者，上调贷款基准率所形成的紧缩性货币政策都会在一定程度上抑制住房需求。

住房销售价格对 *Unit* 和 *Area* 的影响均通过了 1%的显著性水平检验，且显著为正，表明住房销售价格的上升对 *Unit* 和 *Area* 有推动作用。按照一般需求规律，商品价格的上升将导致需求量的下降。很明显，住房需求量和价格之间的正向变动关系已经违反了一般商品的需求规律。究其原因，主要是因为住房当下投资定位的扭曲所造成的。近年来，随着房价的不断攀升，对房屋实际拥有者来说，意味着房屋带给所有者的财富会逐渐增加。

这样就会给社会释放住房增值的预期信号，房价越高意味着住房所代表的财富越高。因此，房价提高反而会不断增加住房需求，给居民安家置业增加生活负担，也再次说明当下住房已偏离居住的基本功能，要及时调整市场导向，改变居民住房投资偏好，让房子回归居住的基本定位。

4.3.4 稳健性检验

本部分采用变换人口老龄化不同衡量指标和剔除异常值来进行稳健性检验。

（1）人口老龄化不同衡量指标

表 4.4 为 *PA*65 影响住房销售套数的动态面板稳健性检验估计结果。全样本回归结果显示，人口老龄化对 *Unit* 和 *Area* 的回归系数为负，且分别通过了 5%和 1%的显著性水平检验。而且，*PA*65 的系数绝对值要大于老年抚养比，表明 65 岁及以上老年人口数量的增加对住房销售套数和住房销售面积的影响要大于老年抚养比的影响。这表明更换老年人口系数指标后，人口老龄化对住房需求仍然具有显著的抑制作用。

（2）剔除异常值

由前文人口迁移各个省（区、市）的人口迁移模式来看，北京、上海、广州和浙江四个省一直是人口净迁入地区。为了剔除人口净迁入对人口老龄化程度的影响，本章剔除四个省数据对模型进行重新估计。如表 4.4 所示，剔除四个省数据后的回归结果显示，老年扶养比对住房销售套数和住房销售面积的回归系数仍显著为负，并且老年扶养比的系数绝对值要大于未剔除前。这表明老年扶养比在排除高人口迁入地区的影响后，仍然对住房需求具有显著的负向影响，且抑制作用会更大。

表 4.4　住房销售套数稳健性检验回归结果

变量	人口老龄化不同衡量指标		剔除异常值	
	Unit	*Area*	*Unit*	*Area*
L. Unit	0.676*** (15.63)	—	0.566*** (8.51)	—
L. Area	—	0.334*** (11.39)	—	0.604*** (6.55)
*PA*65	−0.014** (−2.28)	−0.021*** (−3.68)	—	—

续表

变量	人口老龄化不同衡量指标		剔除异常值	
	Unit	*Area*	*Unit*	*Area*
OADR	—	—	−0.016*** (−3.54)	−0.014*** (−3.61)
Unem	−0.011 (−0.47)	0.037** (2.29)	0.049** (2.09)	0.010 (0.49)
Urban	−0.022*** (−5.82)	−0.028*** (−12.22)	−0.031*** (−6.26)	−0.028*** (−5.25)
Famsize	−0.089 (−0.63)	−0.225*** (−2.79)	0.101 (0.49)	−0.192 (−1.02)
GDP	0.023 (0.25)	−0.254*** (−2.64)	0.008 (0.08)	−0.115 (−0.77)
Rate	−0.094*** (−10.86)	−0.078*** (−7.66)	−0.107*** (−12.72)	−0.135*** (−11.93)
Price	0.231*** (4.20)	0.377*** (8.76)	0.184*** (3.76)	0.119*** (3.03)
Cons.	3.916*** (10.26)	2.056*** (4.44)	1.807*** (2.82)	2.968*** (4.78)
Sargan 检验	0.9916	0.5971	0.8079	0.7921
AR（1）	0.0001	0.0229	0.0167	0.0119
AR（2）	0.2665	0.8796	0.7946	0.4366

注：*** 表示 $p<0.01$，** 表示 $p<0.05$，* 表示 $p<0.1$。

4.4 本章小结

本章在分析我国住房需求概况的基础上，基于 Mankiw 和 Weil（1989）的研究结论，运用人口预测结果分析了我国 2030 年前的住房需求趋势；并选取 2005—2019 年 30 个省份的省级面板数据进行了实证检验，构建了 OLG 三期理论模型以动态面板模型，采用系统 GMM 估计验证了人口老龄化对住房需求的影响。具体研究结论如下：

（1）基于前文中国人口老龄化日益加剧的预测结果，运用 Mankiw 和 Weil（1989）的研究结论分析了未来老年人口日益增多、劳动力人口逐步减少的情况下，我国住房需求将出现低迷期。2030年前，人口老龄化对住房需求的影响将是加速状态，并且2025年后，住房需求的增长动力将不复存在。

（2）构建OLG三期生命周期理论模型，研究发现老年人进入老年期购买住房的可能性非常低；基准模型的实证检验结果显示住房销售套数和住房销售面积具有显著的动态性；人口老龄化对住房需求具有抑制作用，伴随人口老龄化的加剧，人口老龄化对住房需求的抑制作用会增大。而且，人口老龄化对住房销售面积的负面影响要大于住房销售套数。可见，人口老龄化对质量型住房需求的影响比数量型住房需求强。

第5章　中国人口老龄化冲击住房需求的作用路径分析

在初步探究人口老龄化和住房需求影响趋势的基础上，本章进一步从供给和需求的角度识别人口老龄化冲击住房需求的作用路径，并在考虑多种调节作用的条件下，通过构建调节效应、中介效应和有调节的中介效应模型，采用系统GMM方法实证检验人口老龄化对住房需求的中介效应是否会受到调节作用的影响。

5.1　理论分析与研究假说

5.1.1　中介效应理论分析与研究假说

从现有文献的分析来看，人口老龄化影响住房需求的主要途径可以归纳为供给和需求两个方面。而按照西方经济学的供给定理，人口老龄化对于供给市场最直接的影响就是劳动供给的减少；而对于需求市场，老年人口数量的增加则会改变消费群体的消费倾向。因此，本部分人口老龄化对住房需求的中介效应主要从劳动供给效应和健康挤出效应两个方面进行分析（见图5.1）。

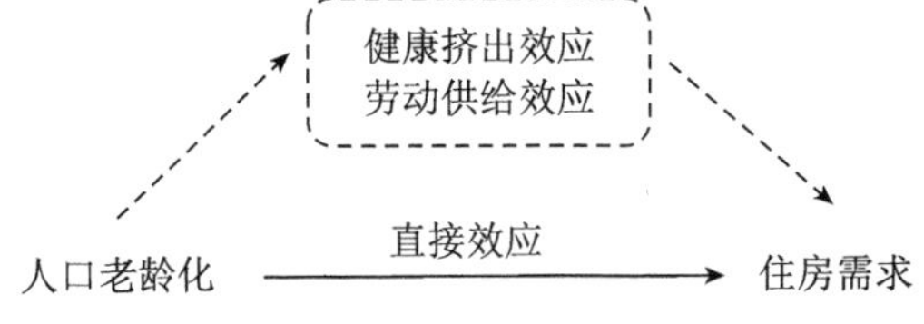

图5.1　中国人口老龄化影响住房需求的中介效应

（1）人口老龄化影响住房需求的劳动供给效应

根据人口转变理论，任何国家或地区的人口发展过程都会经历由高生育率向低生育率转变的过程。新中国成立至今，我国的人口生育率经历了从高到低的发展过程，人口规模得到了适度发展。但是，持续较低的人口生育率导致我国的人口结构逐步发生了改变，人口年龄结构逐步人口老龄化。我国人口老龄化呈现出老年人口基数大、增速快的基本特征。从人口类型的角度来看，老年人口数量的增加不仅会导致我国人口老龄化程度不断深化，同时还会导致我国的人口红利逐渐消失。2019 年，我国总抚养比为 41.5%，*OADR* 为 23.8%。虽然从总体上来看仍处于人口红利期，但 *OADR* 已经超出了人口红利 23.5% 的边界线。当人口老龄化程度不断加深，人口红利消失殆尽，最直接的经济影响就是导致劳动力人口减少。王广州（2021）认为，快速发展的人口老龄化意味着中国劳动力资源将逐步短缺，导致就业人口所创造的经济价值减少。短期内中国的劳动力缺口还相对较低，但长期来看，伴随着老年人口的增加，大量适龄劳动力退出劳动力市场，将会影响到不同经济部门的就业问题。同时，劳动力年龄结构老龄化将导致生产效率下降。具体来讲，一方面，劳动力人口的减少会导致劳动力成本增加。在人口红利逐步消失的过程中，意味着适龄劳动力人口的数量在逐步缩减。根据经济学资源稀缺性的特性，当适龄劳动力数量减少时，企业的劳动力成本就会随之上升，从而导致企业的生产成本增加。为控制成本，企业有可能会减少劳动力，从而导致就业人口减少。另一方面，适龄劳动力人口的减少会导致劳动效率下降。老年人口数量的增加，会导致劳动力的年龄中位数提高，生产效率下降，从而降低企业的生产利润。从以上分析可以看出，人口老龄化会减少就业人口，导致劳动力供给产生衰减效应。结合 Mankiw 和 Weil（1998）的分析，就业人口数量的下降意味着居民的收入来源减少，财富积累变慢，实现住房需求的愿望也会降低。根据房地产供求理论，短期内住房需求减少，则住房市场就会产生大量住房库存，导致出现有市无价、供过于求的情况。长期内，住房需求的减少会导致住房价格下跌，住房库存积压，房地产开发企业新增住房投资的意愿也会降低。

（2）人口老龄化影响住房需求的健康挤出效应

随着人口老龄化程度的不断加深，人们对于健康的重视程度会逐渐加大，对健康的投资会逐步增加，从而减少对住房的需求。健康常被看作人力资本投资的一种。投资可以分为物质资本投资和人力资本投资。Grossman（1972）把健康看作一种可以不断产出的持久资本，对健康的投资会随着年龄的增长而不断加大，投入物质方面的资金必然就会减少。假设在只有消费者和企业的两部门经济中，按照支出法国民收入主要由消费和投资两部分组成。而在人口老龄化社会，整个社会的财富构成和消费倾向会由于老年人口数量的增多而发生改变。因为老年人的收入和消费偏好与其他年龄段的人群会有差别，对消费类商品、健康投资类商品和住房投资类商品的偏好也会有差异。首先，根据生命周期消费理论，老年人进入老年期，其消费占收入的比例会由于收入的下降而增加，从而导致老年人的财富积累速度减慢，储蓄率下降，意味着居民的投资率也会减少。当投资总额下降时，住房投资也会随之下降。而且，根据 4.3.1 节 OLG 理论模型的假设，人一生的收入一部分用于消费，还有一部分用于投资。当老年期消费占收入的比例增加时，则相应地用于住房投资的比例就会减少。尤其需要注意的是，我国是在“未富先老”的情况下进入人口老龄化社会。面对数量众多的老年人口，在各种养老储备以及社会保障措施还未完善的条件下，国民收入中用于医疗健康的比例就会更多，从而对住房类物质资本的投资形成挤出效应。王弟海等（2008）在 Arrow-Romer 生产函数和 Grossman 效用函数的基础上，运用我国省级面板数据加以实证验证，也得出了与 Grossman 类似的结论，过多的健康投资会抑制经济增长。20 世纪 90 年代，联合国提出了“健康人口老龄化”的口号，号召全世界不要将没有疾病或虚弱当作健康的标志。健康人口老龄化应该覆盖全生命周期，是一种能够维持和促进生活和生命需要的能力。这种健康能力的保持能够满足他们的基本需要；能够为自身的学习和成长做决定；能够自主移动；能够建立和维持关系，并为社会做贡献，不给社会和家庭增加养老负担。“健康人口老龄化”也给老年人和政府释放了健康信号，促使老年人和政府不断增加健康投资，刺激健康、服务类的消费需求，提升自身的健康水平。随着老年人口数量的增加，健康养老类服务将处于井喷式增长状态。基于 Grossman（1972）提出健康投资会挤出其他物质资本投资的研究结论，本书认为随着老年人口数量的增加和人们健康意识的不断加强，社会上的健康投资意识会提高。当老年人的主动健康意识较强时，就会更有意愿去增加健康类的投资，从而提升自身的健康水平和生活质量。在这种情况下，当社会整体健康投资增加时，则对物质资本的挤出效应就会越明显，导致住房需求减少。据此，形成研究假说 H2。

H2：人口老龄化会通过减少劳动供给来抑制住房需求，人口老龄化会通过增加健康投资来挤出住房需求。

5.1.2 调节效应理论分析与研究假说

造成人口老龄化的原因包括人口低生育率、低死亡率和人口迁移。而在现代经济社会中，人口死亡率始终保持在低位，人口生育和人口迁移对于人口老龄化以及住房需求关系的影响较为明显，因此本部分结合中国实际重点分析人口生育和人口迁移在其中所起的调节作用（见图5.2）。

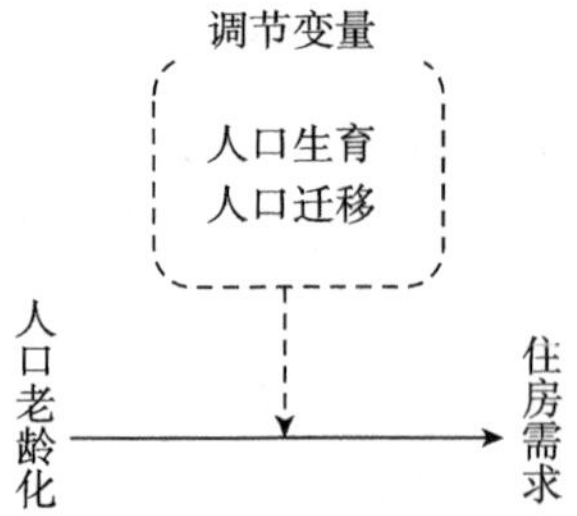

图5.2 中国人口老龄化影响住房需求的调节效应

人口生育在人口老龄化影响住房需求关系中的调节效应。人口生育率由高到低转变是人口转变理论所总结的人口发展规律之一。人口金字塔结构类型一般分为扩张型、稳定型和收缩型。扩张型人口金字塔类型表明少儿人口和年轻人口比例较大；稳定型表示除老年人口外，其余年龄组的比例相差不大；收缩型表示老年人口和中年人口比例较大，少儿人口比例较小。人口金字塔可以形象地反映一个国家或地区过去、现在和未来的人口状况。扩张型人口金字塔表示人口生育率较高，年轻人口比例较大，人口处于增长阶段，未来劳动力人口将逐步增加。稳定型人口金字塔表示人口年龄结构各阶段发展均衡，人口发展处于均衡状态。收缩型人口金字塔表示人口生育率和死亡率都较低，年轻人口较少，中老年人口较多，未来人口结构将处于倒三角形发展趋势。我国目前已经完成了人口生育率由高到低的转变过程。并且伴随医疗卫生健康水平的提高，我国人均寿命也得到了大幅度的增长。人口生育率和人口死亡率的双低导致我国目前人口年龄结构逐步人口老龄化。从人口金字塔的分析也可以看出，决定未来人口类型的关键因素是人口生育水平。现阶段人口生育水平低，则意味着未来劳动力人口会出现短缺问题。而随着我国三次“婴儿潮”先后进入老年期，较低的生育率会导致人口老龄化负担更加严重。按照现收现付的社会保障制度，较低的生育率和日益加重的人口老龄化意味着未来会出现养老金严重短缺的问题。养老金的严重短缺，会减少老年人的直接收入，进而把更多的养老负担转嫁到家庭，从而影响家庭的住房决策问题。从上述分析可知，人口生育对人口老龄化和住房需求关系的调节取决于生育率的大小。当人口生育率较低时，人口生育的调节作用就会较小；当人口生育率上升到一定程度时，人口生育的调节作用才会变大。

人口迁移在人口老龄化影响住房需求关系中的调节效应。封闭经济中影响人口变动的主要因素是人口生育率和死亡率。但在开放经济中，人口迁移对人口结构变动也起到了非常重要的作用。况且，人口迁移自人类产生以来就一直存在。随着经济社会的发展，也使人口迁移的频率越来越高，范围也越来越广。按照现代西方迁移理论，从迁移群体的年龄来看，迁移倾向最强的是 20~30 岁的劳动力人口；从推力—拉力理论来看，迁移发生在不满足原居住地的条件而离开原驻地，搬迁到另一个可以满足其需求的地方；从迁移的经济理论来看，潜在迁移者寻求经济收益最大化是导致产生迁移行为最主要的原因。可见，宽松的社会经济环境为我国人口流动提供了更为便利的条件。人口流动规模的扩大，在一定程度上会影响迁入地和迁出地的人口年龄结构。对于迁入地而言，人口迁移缓解了当地的人口老龄化程度，扩大了当地的就业人口，增加了当地的住房需求；对于迁出地而言，人口迁移则加重了当地的人口老龄化程度，减少了当地的住房需求。我们通过研究人口老龄化特征发现，我国区域间人口迁移导致人口老龄化存在“马太效应”。人口净流入导致我国区域间人口年龄结构老龄化存在“正马太效应”，而对区域间经济老年扶养能力存在“负马太效应”。本书认为在考虑人口迁移因素后，人口老龄化对住房需求的负面影响会由于人口流入而被熨平。以东部地区为例，即便是人口老龄化程度逐步加深的情况下，住房需求仍然在持续上升。据此，形成研究假说 H3。

H3：人口老龄化对住房需求的抑制作用会由于人口生育率的提高而减弱，人口老龄化对住房需求的负面影响会由于人口迁移的增加而抚平。

5.1.3 有调节的中介效应理论分析与研究假说

进一步考虑有人口生育调节的中介效应。如图 5.3 所示，人口老龄化通过劳动供给效应或健康挤出效应影响住房需求的传导过程还可能会受到人口生育的调节。按照前文调节效应的理论分析，人口老龄化对住房需求的直接效应会受到人口生育的调节。结合图 5.1 和图 5.2，该调节效应只是影响了人口老龄化对住房需求的直接效应。但其实人口生育对于人口老龄化通过劳动供给或健康挤出影响住房需求的传导过程的前半段和后半段也可能会受到人口生育的调节。因为人口生育是影响人口老龄化的重要因素。人口生育率的高低会影响人口老龄化程度的强弱，进而反映到劳动力供给市场中就业人数的增加或减少。如前文人口生育率对人口红利的贡献所述，较高的人口生育率才会产生人口红利，而人口生育率如果持续下降就会导致人口红利消失。因此，人口生育不仅会影响当期的 *PA*65，同时也会影响未来的人口结构，增加未来的劳动力供给。而随着劳动供给人数的增加，实际上也就增加了当地的人口生育基数，为当地的住房市场增添了新动能。另外，人口老龄化对健康投资的增加也会由于人口生育率而受到影响。随着老年人口数量的增加，对于健康人力资本的投资也会随之上升。郝枫和张圆（2019）通过测度不同年龄组别对健康资本的影响，结果发现放宽生育政策会增加当期人口基数，改善未来人口结构，有利于增加健康资本红利。按照前文中介效应的分析，人口老龄化社会老年人为了维持身体健康，会增加医疗、卫生和预防疾病等健康方面的投资，从而降低对住房方面的物质投资。而放宽生育政策所带来的健康资本红利则会使健康风险因子提前，提升整个生命周期的健康水平，从而降低老年期医疗卫生等健康支出，缓解过度医疗支出带来的养老负担压力，也能适度减轻健康投资对住房投资的挤出作用。具体调节作用的大小和显著程度还需要本章后续部分通过数据做进一步实证分析。

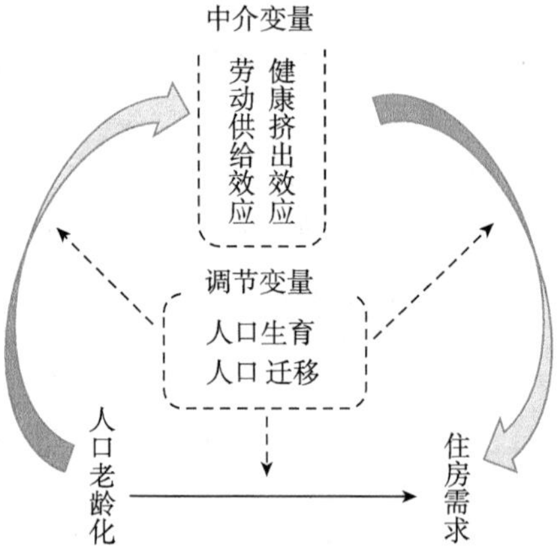

图 5.3　中国人口老龄化影响住房需求的有调节的中介效应图

进一步考虑有人口迁移调节的中介效应。如图 5.3 所示，人口老龄化通过劳动供给效应或健康挤出效应影响住房需求的传导过程也可能会受到人口迁移的调节。按照前文调节效应的理论分析，人口老龄化对住房需求的直接效应会受到人口迁移的调节。本书认为人口迁移可以熨平人口老龄化对住房需求的负向作用。如前文人口生育有调节的中介效应分析思路，人口迁移对于人口老龄化通过劳动供给或健康挤出影响住房需求的传导过程的前半段和后半段也可能会受到人口迁移的调节。对于劳动供给效应，人口迁移在整个调节过程中主要是通过流动人口的流入或流出来影响当地的劳动力供给结构，进而影响其作用路径。对于健康挤出效应，则主要是通过调整人口老龄化程度来影响健康投资，进而影响住房需求。据此，形成研究假说 H4。具体调节效应的结果需要在接下来的实证分析中，通过我国历史数据进一步验证。

H4：人口老龄化对住房需求的劳动供给效应和健康挤出效应会受到人口生育和人口迁移的调节。

5.2　模型构建与数据说明

5.2.1　模型构建

为深入分析人口老龄化影响住房需求的机制，本部分在前文理论分析和研究假说的基础上，按照温忠麟（2014）有调节的中介效应的分析步骤，分别构建人口老龄化对住房需求的中介效应模型、调节效应模型和有调节的中介效应模型（见图 5.4）。

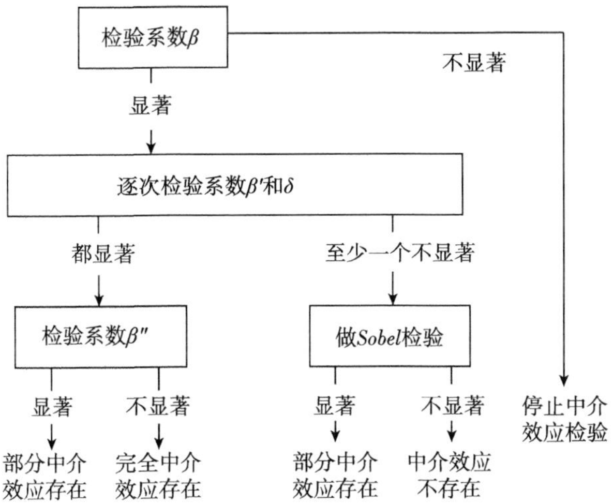

图 5.4　中介效应检验流程

(1) 中介效应模型

前文通过理论分析发现，人口老龄化会通过劳动供给效应和健康挤出效应等途径来影响住房需求。本部分从实证分析的角度，采用中介效应逐步检验法来识别人口老龄化影响住房需求的作用路径。温忠麟（2014）和安勇（2017）认为，三阶段中介效应检验法能够有效降低两类错误的犯错概率。因此，本部分采用 Hayes（2009）中介效应检验三步法，构建如下模型：

$$H_{it}=\alpha+c'H_{i,t-1}+\beta Aging_{it}+\tau Control_{it}+\varepsilon_{it} \tag{5.1}$$

$$M_{it}=\alpha'+c'M_{i,t-1}+\beta' Aging_{it}+\tau' Control_{it}+\varepsilon_{it} \tag{5.2}$$

$$H_{it}=\alpha''+c'H_{i,t-1}+\beta'' Aging_{it}+\delta M_{it}+\tau'' Control_{it}+\varepsilon_{it} \tag{5.3}$$

其中，模型（5.1）同第 4 章基准动态面板回归模型（4.16）。H 表示住房需求，30 个省份或自治区用下标 i 表示，t 代表年份。$H_{i,t-1}$ 表示住房需求的滞后期。$M_{i,t-1}$ 表示中介变量的滞后期。*Aging* 表示人口老龄化，M 表示中介变量，*Control* 表示控制变量组，包括城镇登记失业率 *Unem*、城镇化水平 *Urban*、家庭规模 *Famsize*、人均 *GDP*、利率 *Rate* 和住宅平均销售价格 *Price*，ε 表示随机扰动项。

结合前文理论分析和中介效应模型，本部分的检验步骤如下：第一步检验模型（5.1），即考察核心解释变量人口老龄化对住房需求的总效应。如果 β 显著，方可进行第二步回归分析，已在第 4 章通过检验。第二步检验模型（5.2），考察核心解释变量人口老龄化的回归系数，如果 β' 显著，则可进入第三步，如未通过检验，则直接进入第四步进行 *Sobel* 检验。第三步检验模型（5.3），如果中介变量对住房需求的回归系数 δ 显著，则表明存在中介效应。原因是，如果把模型（5.2）代入模型（5.3），整理后可以得到：

$$H_{it}=\alpha''+c'H_{i,t-1}+(\beta''+\beta'\times\delta)Aging_{it}+\tau'' Control_{it}+\varepsilon_{it} \tag{5.4}$$

其中，β 为人口老龄化对住房需求的总效应，$\beta'\times\delta$ 为人口老龄化对住房需求的中介效应，β'' 为人口老龄化对住房需求的直接效应。对比模型（5.4）和模型（5.1）可以发现，如果 β'' 不显著，则 $\beta=\beta'\times\delta$，表明存在完全中介效应，人口老龄化影响住房需求必须通过中介渠道 M；如果 β'' 仍然显著，则 $\beta=\beta''+\beta'\times\delta$，表明存在部分中介效应，人口老龄化影响住房需求只部分依赖于中介渠道 M。因此，检验中介效应的核心是检验 $\beta'\times\delta$ 是否为零，不能只是凭借 β' 和 δ 是否显著来判断中介效应是否存在。第四步的检验核心是，如果 β' 和 δ 有一个不显著，则需要对 β' 和 δ 的系数乘积做 *Sobel* 检验。*Sobel* 检验统计量 Z 可以记为 $Z=\beta'\delta/S_{\beta'\delta}$，其中，$S_{\beta'\delta}=\sqrt{\beta'2S2_{\delta}+\delta2S2_{\beta'}}$，$S_{\beta'}$ 和 S_{δ} 是 β' 和 δ 的标准误。根据 MacKinnon 的研究，*Sobel* 统计量 Z 在 5% 的显著性水平下>0. 97 时，则存在中介效应。如果存在中介效应，则中介效应值为 $\beta'\times\delta$，中介效应占总效应的比例为 $\beta'\times\delta/\beta$。中介效应检验流程图如图 5. 4 所示。

（2）调节效应模型

为检验人口生育和人口迁移对人口老龄化和住房需求关系的调节作用，本部分在基准动态面板回归模型（4. 16）中引入人口老龄化 *Aging* 和调节变量 U 的交互项，核心解释变量 *Aging* 对被解释变量 H 的作用依赖于交互项中调节变量 U 的取值。其模型构建如下：

$$H_{it}=c_0+c'H_{i,t-1}+c_1Aging_{it}+c_2U_{it}+c_3Aging_{it}\times U_{it}+c_4Control_{it}+\varepsilon_{it} \quad (5.5)$$

其中，H 表示住房需求，30 个省份或自治区用下标 i 表示，t 代表年份。*Aging* 表示人口老龄化，U 表示调节变量，*Control* 表示控制变量组，包括城镇登记失业率 *Unem*、城镇化水平 *Urban*、家庭规模 *Famsize*、人均 *GDP*、利率 *Rate* 和住宅平均销售价格 *Price*，ε 表示随机扰动项。调节变量 U 的数据类型可以为连续变量或虚拟变量。但不管是何种变量类型都可以按照 Ai 等（2003），Pinar K. M. 等（2012）的研究思路，把核心解释变量 *Aging* 对被解释变量 H 的边际效应写为：

$$\frac{\Delta H_{it}}{\Delta Aging_{it}}=c_1+c_3U_{it} \quad (5.6)$$

从模型（5. 6）可以发现，人口老龄化对住房需求的边际影响不仅要受到人口老龄化系数 c_1 的影响，还要受到调节变量 U 及其与人口老龄化交互项系数 c_3 的影响。对于调节变量是连续变量或虚拟变量，只是在结果解释时会存在区别。而由于本书的核心解释变量是连续变量，因此对于不同类型调节变量，会存在连续变量与连续变量的组合或者连续变量与调节变量的组合。如果调节变量是连续变量，当 c_3 为正时，人口老龄化对住房需求的边际影响会随着调节变量的增大而增强；当 c_3 为负时，人口老龄化对住房需求的边际影响会随着调节变量的增大而削弱。如果调节变量是虚拟变量，则交互项存在的意义在于可以解释人口老龄化对住房需求的影响是否会由于调节变量而存在差异。具体来讲，当 c_3 为正时，表示人口老龄化对住房需求的影响要强于调节变量取值为 0 的样本组；当 c_3 为负时，表示人口老龄化对住房需求的影响要弱于调节变量取值为 0 的样本组。

(3) 有调节的中介效应模型

前文所构建的调节效应模型和中介效应模型，没有考虑调节变量和中介变量同时存在的情况。常见的同时包含调节变量和中介变量的模型为有调节的中介模型和有中介的调节模型。按照前文的理论分析，人口生育和人口迁移对于人口老龄化和住房需求的关系和传导途径会产生影响。因此，本书重点分析有调节的中介模型构建问题。根据温忠麟（2014）有调节的中介模型定义，当解释变量通过中介变量影响被解释变量时，中介变量的影响作用会受到调节变量的影响。Edwards 和 Lambert（2007）把调节变量引入中介模型中，按调节变量的位置在中介效应的直接路径、前半路径和后半路径分为 8 种模型。本部分构建的有调节的中介模型为更一般的模型，假设在上述三种路径中均存在调节作用，具体模型构建如下：

$$H_{it}=c_0+c'H_{i,t-1}+c_1Aging_{it}+c_2U_{it}+c_3Aging_{it}\times U_{it}+c_4Control_{it}+\varepsilon_{it} \quad (5.7)$$

$$W_{it}=d_0+c'W_{i,t-1}+d_1Aging_{it}+d_2U_{it}+d_3Aging_{it}\times U_{it}+d_4Control_{it}+\varepsilon_{it} \quad (5.8)$$

$$H_{it}=c'_0+c'H_{i,t-1}+c'_1Aging_{it}+c'_2U_{it}+b_1W_{it}+b_2U_{it}W_{it}+c'_4Control_{it}+\varepsilon_{it} \quad (5.9)$$

其中，H 表示住房需求，30 个省份或自治区用下标 i 表示，t 代表年份。$H_{i,t-1}$ 表示住房需求的滞后期。$M_{i,t-1}$ 表示中介变量的滞后期。$Aging$ 表示人口老龄化，M 表示中介变量，U 表示调节变量，$Control$ 表示控制变量组，ε 表示随机扰动项。模型（5.7）的作用是检验直接效应是否受到调节变量 U 的影响，该模型已在调节效应中得到证实。

针对有调节的中介模型检验方法，一般常用的有依次检验法和系数乘积检验法。温忠麟（2014）认为，应该首先进行依次检验。如果依次检验结果显著，则不需要进行系数乘积检验法。而针对依次检验法检验力较低的问题，温忠麟（2014）认为，如果依次检验的回归结果是显著的，则中介效应肯定受到了调节。因为依次检验虽然检验力较低，但其检验结果最强、最清晰、最丰富，检验过程也最简便。而且，依次检验法和系数乘积检验法是替补关系。当依次检验不显著时，可以采用系数乘积检验法作为补充，进一步分析有调节的中介效应是否显著。

据此分析，本书采用依次检验法进行分析，具体检验步骤如下：第一步检验模型（5.7）中的系数 c_1 和 c_3 是否显著。但无论系数是否显著，都可以进行下一步的检验，只是在解释结果时会有区别。模型（5.7）实际上和调节效应模型（5.5）一样，主要作用是检验人口老龄化对住房需求的直接效应是否受到调节变量的影响。第二步依次检验模型（5.8）和模型（5.9）。先检验模型（5.8）中的 d_1 和 d_3 是否显著，再检验模型（5.9）中的 b_1 和

b_2 是否显著。如果 $d_1 \neq 0$ 且 $b_2 \neq 0$，或者 $d_3 \neq 0$ 且 $b_1 \neq 0$，或者 $d_3 \neq 0$ 且 $b_2 \neq 0$，只要至少其中一组成立，则表明人口老龄化对住房需求有调节的中介效应成立，该中介过程受到了调节变量的影响。第三步，如果依次检验的结果均不显著，则需要用 Bootstrap 对上述三组系数乘积做区间检验。如果三组中至少有一组的系数乘积区间不包括 0，则认为中介效应受到了调节。第四步，如果三组系数乘积的区间均包含 0，则需要用 Bootstrap 计算 $(d_1+d_3U)(b_1+b_2U)$ 最大值与最小值之差的区间是否包含 0 作为最后判断标准。因为，如果把模型（5.8）和模型（5.9）简化为中介效应模型，整理后可得：

$$W_{it}=d_0+c'W_{i,t-1}+(d_1+d_3U_{it})Aging_{it}+d_2U_{it}+d_4Control_{it}+\varepsilon_{it} \quad (5.10)$$

$$H_{it}=c'_0+c'H_{i,t-1}+c'_1Aging_{it}+c'_2U_{it}+(b_1+b_2U_{it})W_{it}+c'_4Control_{it}+\varepsilon_{it} \quad (5.11)$$

通过简化后的模型（5.10）和模型（5.11）可以发现，人口老龄化对中介变量的效应为 d_1+d_3U，而中介变量对住房需求的效应为 b_1+b_2U。根据简单中介模型的中介效应分析，有调节的中介效应模型的中介效应为 $(d_1+d_3U)(b_1+b_2U)$，并且中介效应值为 U 取均值和上下一个标准差处计算所得数值。因此，第四步就是检验该系数乘积的最大值与最小值是否显著，如果系数区间不包含 0，则中介效应受到了调节，否则中介效应未受到调节。具体有调节的中介模型检验流程见图 5.5。

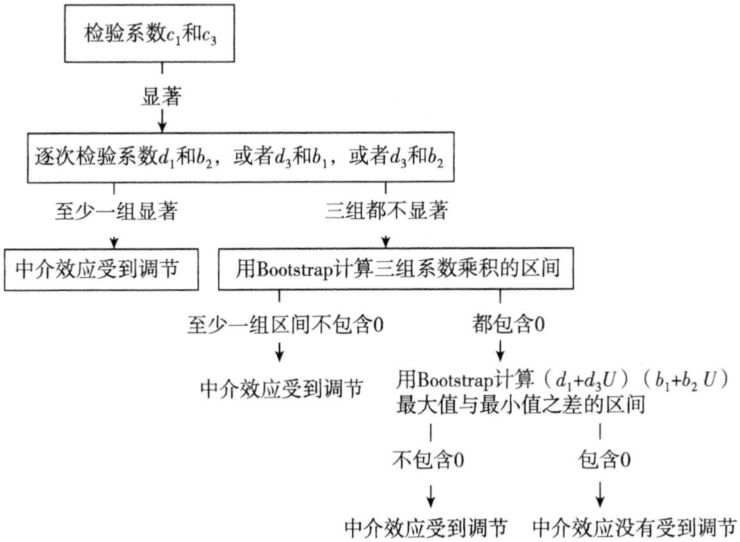

图 5.5 有调节的中介模型检验流程

5.2.2 指标选取与数据说明

(1) 指标选取

为保证研究一致性，本部分除中介变量和调节变量外，其余变量的指标选取与第 4 章一致。被解释变量住房需求仍选用 *Unit* 和 *Area* 作为代理变量；核心解释变量人口老龄化选用 *OADR* 来衡量；控制变量包括城镇登记失业率、城镇化率、家户规模、人均 *GDP*、利率和住宅平均销售价格。根据前文的研究假说，本书认为人口老龄化会通过劳动供给效应和健康挤出效应来作为传导渠道影响住房需求。因此，对于中介变量的指标选取及数据来源说明如下：

劳动供给效应 *Labor*。住房市场的主要需求主体来自 15~64 岁的劳动力人口，而人口老龄化所带来的最直接的影响就是老年人口数量的增加和劳动力人口的减少。而劳动力人口减少会导致就业人数的下降。因此，本部分选用就业人数作为劳动供给效应的衡量指标，用《中国统计年鉴》历年就业人数取对数来作为代理变量。

健康挤出效应 *Health*。当人口老龄化程度不断加深，则意味着社会上的老年人口数量会增加，则健康类的投资会逐步增加。Grossman（1972）认为，当人们把健康看作一种可以不断产出的持久资本时，对健康的投资就会随着年龄的增长而不断加大，而投入物质方面的资金必然就会相应减少。本书认为当收入中用于健康的支出比例越大，代表居民健康投资的意愿越强。为了体现人口老龄化社会健康投资的增加比例，本部分采用人均健康消费支出的变动量和人均可支配收入的变动量之比来衡量健康挤出效应，其计算公式如下：

$$Health = \frac{\Delta\ \text{人均健康消费支出}}{\Delta\ \text{人均可支配收入}} \tag{5.12}$$

其中，人均可支配收入的变动量为居民人均可支配收入较上一年的变动值。由于国家统计局自 2013 年起开展了城乡一体化住户收支与生活状况调查，因此 2013 年后的人均可支配收入来自《中国统计年鉴》；2005—2012 年的人均可支配收入，由城镇居民家庭人均可支配收入和农村居民家庭人均纯收入乘以城镇人口和农村人口计算得到总体可支配收入，再除以年末常住人口获得。人均健康投资的变动量为居民人均医疗保健消费支出较上一年的变动值，具体计算方法同上述人均可支配收入类似，2013 年后的数据取自《中国统计年鉴》各省居民人均消费支出中的医疗保健部分；

2005—2013 年的人均健康投资由各省城镇居民家庭人均医疗保健消费支出和农村居民家庭平均每人医疗保健消费支出乘以城镇人口和农村人口计算得出总健康投资，再除以各省年末人口数量，计算得出人均健康投资。

考虑到人口老龄化对住房需求的影响会受到人口生育和人口迁移的调节，故调节变量具体指标选取和数据说明如下：

人口生育 *Bir_24*。根据 Mankiw 和 Weil（1989）的研究结果，20 岁以下的年轻人住房需求很低，20 岁以后的住房需求才开始逐渐增长。由此可以发现，人口生育对住房需求的影响具有时滞性。刘学良等（2016）也认为，在选用人口生育变量来分析住房需求问题时，用滞后 24 期的人口生育数据来作为代理变量更合理。根据刘学良等（2016）的研究，我国初婚登记人口年龄平均为 24 岁，且“80 后”“婴儿潮”集中进入适婚年龄是导致我国 2005 年前后房价上涨的原因。基于以上分析，本书认为人口生育对于住房需求的影响也具有滞后性，只有进入适婚年龄的人口才会产生住房需求，因此，选用样本期滞后 24 期 1981—1995 年的人口生育数据来衡量人口生育水平。

人口迁移 *Floating*。基于人口迁移理论，本书主要考察人口迁移对迁入地和迁出地老龄化的影响。因此，把人口迁移 *Floating* 设为虚拟变量，表示人口净迁入地和人口净迁出地。具体计算方法为，以 2005—2019 年各省年末常住人口数减去户籍人口数来计算年均人口迁移数量。人口迁移数为正的划分为人口净迁入地区，人口迁移数为负的划分为人口净迁出地区。具体全国人口迁移划分情况见表 5.1，中介变量和调节变量描述性统计见表 5.2。

表 5.1　全国人口迁移划分情况

含义	变量取值	省份
人口净迁入	1	北京、天津、山西、内蒙古、辽宁、上海、江苏、浙江、福建、山东、广东、海南、云南、青海、西宁、新疆
人口净迁出	0	河北、吉林、黑龙江、安徽、江西、河南、湖北、湖南、广西、重庆、四川、贵州、陕西、甘肃

（2）数据说明

为保证研究的一致性，本部分被解释变量和控制变量的数据来源均与第 4 章一致，选自 2006—2020 年《中国统计年鉴》和《中国人口与就业统计年鉴》。中介变量劳动供给效应的代理变量就业人数，健康挤出效应所涉及的人均可支配收入以及计算人均健康消费支出所用到的人均医疗保健消费支出均取自2006—2020年《中国统计年鉴》。

从表5.2中介变量和调节变量的描述性统计结果来看，各变量均具有一定的变异性，可以进行统计分析。其中，人口生育率滞后24期的数据最大值为29.70‰，平均值也达到18.33‰，比2019年人口生育率平均水平高出7.92‰。1981—1995年较高的生育率为2005年后住房需求的增长积累了动力。选取人口生育率滞后期变量可以很好地起到人口生育调节变量的作用。

表5.2　中介变量和调节变量描述性统计

变量类型	变量	含义	样本数	平均值	标准差	最小值	最大值
中介变量	*Labor*	就业人数的对数	450	5.98	0.77	3.75	7.63
	Health	$\frac{\Delta \text{人均健康消费支出}}{\Delta \text{人均可支配收入}}$	450	0.07	0.05	−0.07	0.30
调节变量	*Bir_24*	人口出生率滞后24期（‰）（1981—1995年）	450	18.33	4.28	5.50	29.70
	Floating	$Floating=\begin{cases}1 \text{ 若 } Floating>0 \\ 0 \text{ 若 } Floating<0\end{cases}$	450	0.50	0.50	0	1

5.3　实证结果及分析

5.3.1　中介效应回归结果分析

按照模型检验步骤，依次对式（5.1）、式（5.2）和式（5.3）进行检验。式（5.1）已在第4章人口老龄化对住房需求的实证分析中得到证实。把劳动供给效应和健康挤出效应分别代入式（5.2）作为被解释变量和式（5.3）中作为解释变量进行回归，来检验中介效应是否存在。具体回归结果及分析如下：

（1）人口老龄化对住房需求的劳动供给效应分析

基于现有文献的梳理发现，住房需求和劳动供给效应具有互为因果的关系，因此需要进行内生性检验。住房需求持续上涨导致房价升高，不利于劳动力人口的流入；反过来，劳动力人口的迁入又会增加本地的住房需求。为保证模型设定不存在内生性问题，对依次检验模型中式（5.3）的劳

动供给效应 *Labor* 做了内生性检验。异方差稳健的 DWH 检验结果（检验统计量的 P 值为 0.0001）显示，劳动供给效应 *Labor* 的确具有内生性。因此，本部分把被解释变量滞后期引入模型，最大滞后阶数设定为 3（与前文保持一致），采用系统 GMM 方法来克服模型内生性问题。表 5.3 中所有模型 *Sargan* 检验的结果均通过了工具变量过度识别检验，表明工具变量设定有效。并且，所有模型也通过了 *AR*（2）以上扰动项无自相关的检验，表明所设立模型不存在扰动项自相关。综上表明模型设定合理，进行系统 GMM 估计是可行的。

表 5.3 的回归结果表明人口老龄化会通过减少劳动供给来抑制住房需求。具体检验过程和回归结果见表 5.3。表 5.3 中 *Labor*、*Unit* 和 *Area* 的滞后项均通过了 1%的显著性水平检验，表明这些变量均具有显著的动态性。为简便分析，表 5.3 中 M.1 和 M.2 也列出了式（5.1）*OADR* 对 *Unit* 和 *Area* 的总效应回归结果。对于式（5.2），本部分把劳动供给效应代理变量 *Labor* 代入模型，具体回归结果见 M.3。从 M.3 的回归结果可知，*OADR* 对 *Labor* 的回归结果通过了 1%的显著性水平检验，且系数为负，表明人口老龄化会导致就业人数的减少。人口老龄化从供给的角度来看，带来的最直接的影响就是适龄劳动人口的减少，这必然会导致就业人口的下降，实证结果也证实了前文的研究假说。控制变量的回归结果与第 5 章回归结果一致，在此不再赘述。

对于式（5.3），把 *Labor* 代入当作解释变量，得到 M.4 和 M.5 回归结果。根据中介效应逐步分析法的步骤，*Labor* 的回归系数在 M.4 和 M.5 中均通过了 1%的显著性水平检验，且系数均为正。M.4 中 *OADR* 对 *Unit* 的回归系数通过了 5%的显著性水平检验，但 M.5 *OADR* 对 *Area* 的回归结果未通过显著性水平检验。这表明人口老龄化会通过减少就业人数来抑制住房销售套数，而人口老龄化影响住房销售面积只能通过就业人数。由于本书所选取的住房销售面积是一个总量概念，并非套均面积。因此，在现有人口老龄化背景下，当就业人口规模减小时，住房销售面积也必然会减少。具体人口老龄化通过劳动力供给影响住房销售套数的中介效应为-0.0059，占总效应的 59.30%；人口老龄化通过劳动力供给影响住房销售面积的中介效应为-0.0059，占总效应的 42.68%。可见，人口老龄化通过劳动力供给影响住房销售套数的传导作用要大于对住房销售面积的传导作用。

表 5.3　人口老龄化影响住房需求的劳动供给效应回归结果

变量	Step 1		Step 2	Step 3	
	M. 1	M. 2	M. 3	M. 4	M. 5
	Unit	*Area*	*Labor*	*Unit*	*Area*
L1. Unit	0. 602*** (12. 58)	—	—	0. 524*** (15. 71)	—
L1. Area	—	0. 338*** (11. 50)	—	—	0. 280*** (6. 54)
L1. Labor	—	—	0. 849*** (47. 36)	—	—
OADR	-0. 010** (-2. 13)	-0. 014*** (-4. 10)	-0. 010*** (-13. 60)	-0. 004** (-2. 05)	-0. 008* (-1. 06)
Labor	—	—	—	0. 599*** (17. 81)	0. 595*** (10. 83)
Unem	0. 009 (0. 32)	0. 034** (2. 11)	-0. 016* (-1. 67)	0. 010 (0. 42)	-0. 030 (-1. 46)
Urban	-0. 034*** (-5. 74)	-0. 028*** (-12. 79)	-0. 007*** (-6. 76)	-0. 031*** (-6. 55)	-0. 031*** (-5. 85)
Famsize	-0. 149 (-1. 14)	-0. 216*** (-2. 70)	-0. 119*** (-4. 06)	-0. 177 (-1. 50)	-0. 299** (-2. 08)
GDP	0. 306** (2. 39)	-0. 252*** (-2. 62)	0. 158*** (5. 66)	0. 121 (1. 39)	-0. 323*** (-2. 61)
Rate	-0. 085*** (-10. 81)	-0. 079*** (-7. 72)	0. 031*** (15. 86)	-0. 115*** (-19. 00)	-0. 141*** (-19. 19)
Price	0. 239*** (4. 56)	0. 379*** (8. 82)	0. 058*** (4. 51)	0. 139*** (4. 45)	0. 251*** (4. 97)
Cons.	2. 471*** (5. 75)	2. 018*** (4. 49)	-0. 668*** (-4. 37)	2. 518*** (4. 43)	3. 381*** (8. 59)
Sargan 检验	0. 9884	0. 5961	0. 9935	0. 9891	0. 6092
AR（1）	0. 0002	0. 0253	0. 0013	0. 0004	0. 1345
AR（2）	0. 3400	0. 9180	0. 1390	0. 3080	0. 1293
中介效应	—	—	—	是	是
中介效应值	—	—	—	-0. 0059	-0. 0059
中介效应/总效应	—	—	—	59. 30%	42. 68%

注：*** 表示 p<0. 01，** 表示 p<0. 05，* 表示 p<0. 1。

表 5.3 的回归结果表明人口老龄化影响住房需求的劳动供给效应存在，但劳动供给效应对于人口老龄化影响住房销售套数和住房销售面积的中介效应类型有所差别。这主要是因为对于住房销售套数的数量型住房刚需，人口老龄化对其影响一部分通过人口年龄结构的变化来对住房销售套数产生直接效应；另一部分则通过劳动供给的减少来刻画住房市场主体的变动。人口老龄化所导致的劳动供给减少，直接影响就是使住房的刚需主体 15~64 岁的劳动就业人口数量下降，从而削弱住房需求。而对于质量型住房需求住房面积而言，是在实现住房刚需的前提下才需要满足的。

（2）人口老龄化对住房需求的健康挤出效应分析

现有文献研究发现人口老龄化和健康挤出效应，以及健康挤出效应和住房需求之间都具有互为因果的关系。人均预期寿命的延长得益于健康投资的增加，而随着人口老龄化的不断深化，居民也会增加医疗卫生等方面的健康投资。而住房需求的不断高涨则会抑制居民的健康投资；反过来，健康投资意识的增加又会在一定程度上降低居民的住房需求。同样地，为保证模型设定存在内生性问题，对依次检验模型中式（5.2）和式（5.3）的 *Health* 进行内生性检验。异方差稳健的 *DWH* 检验结果显示，*Health* 在式（5.2）中不是内生变量（检验统计量的 P 值为 0.1588）。但在式（5.3）中，*Health* 是内生变量（检验统计量的 P 值为 0.0044）。为保证研究的一致性，本部分仍是把被解释变量滞后期引入模型，最大滞后阶数设定为 3（与前文保持一致），采用系统 GMM 方法来解决模型内生性问题。表 5.4 中所有模型 *Sargan* 检验的结果均通过了工具变量过度识别检验，表明工具变量设定有效。并且，所有模型也通过了 *AR*（2）以上扰动项无自相关的检验，表明所设立模型不存在扰动项自相关。综上表明模型设定合理，进行系统 GMM 估计是可行的。

表 5.4 的回归结果表明人口老龄化会通过增加健康投资来对住房需求形成基础效应。表 5.4 的回归结果显示，*Health*、*Unit* 和 *Area* 滞后期均通过了 1%的显著性水平检验，具有显著的动态性。为方便分析，表 5.4 中也列出了式（5.1）的 *OADR* 对 *Unit* 和 *Area* 的总效应回归结果（见 M.6 和 M.7）。对于式（5.2），本部分把健康挤出效应代理变量 *Health* 代入模型，具体回归结果见 M.8。从 M.8 的回归结果可知，*OADR* 对 *Health* 的回归结果通过了 5%的显著性水平检验，且显著为正，这表明人口老龄化会促进健康投资的增加。人口老龄化社会的到来，意味着老年人口数量的增加和预期寿命的延长。这会导致人们提升对于健康生活品质的要求，从而增加健康投资。

同时，控制变量的回归结果与第 4 章回归结果一致，在此不再赘述。

表 5.4 人口老龄化影响住房需求的健康挤出效应回归结果

变量	Step 1		Step 2	Step3	
	M. 6	M. 7	M. 8	M. 9	M. 10
	Unit	*Area*	*Health*	*Unit*	*Area*
L1. Unit	0. 602*** (12. 58)	—	—	0. 439*** (13. 21)	—
L1. Area	—	0. 338*** (11. 50)	—	—	0. 348*** (14. 96)
L1. Health	—	—	−0. 155*** (−8. 26)	—	—
OADR	−0. 010** (−2. 13)	−0. 014*** (−4. 10)	0. 003** (2. 54)	−0. 007* (−1. 94)	−0. 012*** (−3. 08)
Health	—	—	—	−0. 915*** (−7. 56)	−0. 582*** (−6. 65)
Unem	0. 009 (0. 32)	0. 034** (2. 11)	0. 004 (0. 49)	−0. 016 (−0. 59)	0. 032* (1. 79)
Urban	−0. 034*** (−5. 74)	−0. 028*** (−12. 79)	0. 005*** (3. 70)	−0. 040*** (−7. 77)	−0. 031*** (−13. 40)
Famsize	−0. 149 (−1. 14)	−0. 216*** (−2. 70)	0. 150*** (5. 27)	−0. 181* (−1. 68)	−0. 188** (−2. 51)
GDP	0. 306** (2. 39)	−0. 252*** (−2. 62)	−0. 019 (−0. 96)	0. 309** (2. 48)	−0. 116 (−1. 47)
Rate	−0. 085*** (−10. 81)	−0. 079*** (−7. 72)	−0. 002 (−1. 08)	−0. 097*** (−10. 65)	−0. 080*** (−7. 97)
Price	0. 239*** (4. 56)	0. 379*** (8. 82)	0. 003 (0. 35)	0. 204*** (4. 51)	0. 321*** (6. 62)
Cons.	2. 471*** (5. 75)	2. 018*** (4. 49)	−0. 225* (−1. 77)	2. 458*** (2. 93)	1. 320*** (3. 09)
Sargan 检验	0. 9884	0. 5961	0. 8692	0. 8415	0. 5648
AR（1）	0. 0002	0. 0253	0. 0002	0. 0007	0. 0156
AR（2）	0. 3400	0. 9180	0. 5238	0. 1256	0. 6938
中介效应	—	—	—	是	是

续表

变量	Step 1		Step 2	Step3	
	M. 6	M. 7	M. 8	M. 9	M. 10
	Unit	*Area*	*Health*	*Unit*	*Area*
中介效应值	—	—	—	-0. 0030	-0. 0019
中介效应/总效应	—	—	—	30. 20%	13. 92%

注：*** 表示 p<0. 01，** 表示 p<0. 05，* 表示 p<0. 1。

M. 9 和 M. 10 的回归结果显示，人口老龄化对住房需求的健康挤出中介效应存在。把 *Health* 代入式（5. 3）当作解释变量，得到 M. 9 和 M. 10 回归结果。根据中介效应逐步分析法的步骤，健康投资的回归系数在 M. 10 和 M. 11 中均通过了 1%的显著性水平检验，且系数均为负。综合上述分析可知，人口老龄化对住房需求的健康挤出效应存在。另外，M. 10 和 M. 11 中人口老龄化对住房销售套数和住房销售面积的回归结果分别通过了 10%和 1%的显著性水平检验，且系数也为负。这表明人口老龄化会部分通过促进健康挤出效应来抑制住房销售套数和住房销售面积。

上述回归结果表明老年人口数量的增加会提高社会整体的健康投资，进而抑制住房需求。近年来，我国人均预期寿命不断提高，也是人们越来越重视健康的表现。根据 Grossman（1972）的研究，当人们对健康的投资越来越多，则对物质资本的投资就会越来越少。本部分的回归结果也证实了这一点，人口老龄化会释放重视医疗健康的信号，提高健康投资的倾向，从而减少对住房的需求。

5. 3. 2 调节效应回归结果及分析

本部分对调节效应模型（5. 4）做回归分析，考察人口老龄化对住房需求的直接效应是否会分别受到人口生育和人口迁移调节变量的影响，具体回归结果及分析如下：

（1）人口生育的调节效应回归结果及分析

表 5. 5 的回归结果显示人口老龄化对住房需求的直接效应会受到人口生育调节作用的影响。为了避免模型交互项与构建它的变量存在相关关系，从而造成模型存在多重共线性问题，本部分对核心解释变量 *OADR*、调节变量人口生育率滞后 24 期 *Bir_24* 和二者交互项均进行了中心化处理。由 M. 11 和 M. 12 的回归结果可知，模型均通过了干扰项无自相关检验，干扰项 *AR*（2）以上均不存在自相关。并且，*Sargan* 检验的回归结果也均通过

了工具变量过度识别检验，表明模型选取工具变量合理，可以进行系统 GMM 分析。并且根据 *AR*（1）、*AR*（2）和 *Sargan* 的相关检验结果，设定被解释变量的最大滞后期为 3。另外，M. 11 和 M. 12 均显示 *Unit* 和 *Area* 的滞后项通过了 1%的显著性水平检验，表明住房需求具有显著的动态性，与前文分析结果一致。

由表 5. 5 中 *Unit* 和 *Area* 人口生育的调节效应模型回归结果可知，引入 *Bir_24* 和 *OADR* 交互项后，*OADR* 对 *Unit* 和 *Area* 的回归结果分别通过了 10%和 1%的显著性水平检验，且回归系数均为负。同时，只有 M. 11 *OADR* 和 *Bir_24* 的交互项回归结果显著为正，并且通过了 1%的显著性水平检验，但 M. 12 的交互项回归结果未通过显著性水平检验。

表 5. 5　调节效应回归结果

变量	M. 11	M. 12	M. 13	M. 14
	人口生育		人口迁移	
	Unit	*Area*	*Unit*	*Area*
L. Unit	0. 286*** (5. 89)	—	0. 657*** (13. 02)	—
L. Area	—	0. 301*** (4. 80)	—	0. 340*** (12. 54)
OADR	-0. 009* (-1. 81)	-0. 010*** (-2. 58)	-0. 012** (-2. 50)	-0. 019*** (-3. 35)
Bir_24	0. 004 (1. 28)	0. 001 (0. 50)	—	—
OADR×Bir_24	0. 002*** (4. 19)	0. 001 (1. 36)	—	—
Migration	—	—	-0. 142 (-0. 88)	-0. 186 (-0. 96)
OADR×Migration	—	—	0. 037** (2. 27)	0. 031** (2. 16)
Unem	0. 055*** (2. 61)	0. 029 (1. 57)	-0. 013 (-0. 50)	0. 014 (0. 60)
Urban	-0. 037*** (-8. 66)	-0. 029*** (-4. 59)	-0. 025*** (-5. 37)	-0. 023*** (-5. 24)

续表

变量	M. 11	M. 12	M. 13	M. 14
	人口生育		人口迁移	
	Unit	*Area*	*Unit*	*Area*
Famsize	-0.185^{*} (−1.94)	-0.235^{***} (−2.68)	−0.120 (−1.30)	−0.104 (−0.42)
GDP	0.031 (0.23)	−0.194 (−1.60)	0.219^{**} (2.18)	-0.287^{***} (−2.69)
Rate	-0.069^{***} (−7.12)	-0.078^{***} (−6.75)	-0.087^{***} (−10.95)	-0.077^{***} (−7.36)
Price	0.328^{***} (5.76)	0.373^{***} (8.50)	0.171^{***} (3.57)	0.377^{***} (7.89)
Cons.	1.539^{**} (2.27)	1.766^{***} (3.35)	2.691^{***} (5.61)	1.974^{***} (3.42)
Sargan 检验	0.5891	0.6152	0.9842	0.5612
AR（1）	0.0526	0.0482	0.0000	0.0208
AR（2）	0.9686	0.7884	0.3860	0.7719
样本数	420	360	420	360

注：*** 表示 $p<0.01$，** 表示 $p<0.05$，* 表示 $p<0.1$。

综上回归结果表明，人口老龄化会抑制住房销售套数，但人口老龄化对住房销售套数的负向作用会由于人口生育率的增长而被减弱；而人口老龄化也会抑制住房销售面积，但人口生育率在其中所起的调节作用并不显著。这表明人口生育在人口老龄化对住房需求的抑制作用中会起到缓和的作用。并且，当生育率水平较高，人口老龄化程度较低时，人口老龄化对住房需求的负向影响会被较高的人口生育水平熨平。这也能解释我国 2005 年前后住房需求持续高涨的原因，正和当时“80 后”“婴儿潮”进入适婚年龄增加住房刚需有密切关系。而当时我国的人口老龄化程度从总体上还处于浅度水平，为 7.7%。从各省（区、市）来看也只有长三角及周边区域的上海、江苏、浙江、安徽和四川盆地及周边的四川、重庆和湖南进入中度人口老龄化社会。因此，人口老龄化对住房需求的抑制作用还不是很明显。而 M. 12 交互项的回归结果之所以不显著，主要是由于人口生育率的样本选择为滞后 24 期的人口生育数据。此样本期间的起始年份刚好为“80 后”“婴儿回升潮”，但在这个阶段我国已开始实施计划生育政策，所以人口生育率呈现逐年下降的趋势。说明“80后”“婴儿回升潮”所出生的人口数量还不足以对人口老龄化和住房销售面积关系的产生影响。因为居民通常都是在满足数量型需求的前提下才会再进一步去提升质的需求。M. 11和M. 12中控制变量的回归结果与第4章未引入调节变量时的回归结果类似，符合各控制变量的预期分析，因此不再赘述。

（2）人口迁移的调节效应回归结果及分析

上文的研究结果发现，人口老龄化对住房需求的直接效应会受到人口生育的影响。本部分把调节效应分析的聚焦点放到人口迁移视角，从人口净流入和净流出的角度来验证人口老龄化对住房需求的影响是否存在人口迁移差异。

本部分同样把人口老龄化和人口迁移差异做了中心化处理。由表5. 5中M. 13、M. 14回归结果可知，所有模型均通过了*AR*（1）、*AR*（2）和*Sargan*检验，表明模型扰动项无自相关，且工具变量设定合理，可以进行系统GMM分析。并且根据*AR*（1）、*AR*（2）和*Sargan*的相关检验结果，设定被解释变量的最大滞后期为3。在考虑人口迁移差异后，住房销售套数的滞后一期数和住房销售面积的滞后三期仍然通过了显著性水平检验，且为正。这表明在考虑了人口迁移差异因素后，住房需求的动态性仍然十分显著，动态面板模型设定合理。另外，M. 13、M. 14均显示住房销售套数和住房销售面积的滞后项通过了1%的显著性水平检验，表明住房需求具有显著的动态性，与前文分析结果一致。

如表5. 5中M. 13、M. 14的回归结果所示，人口老龄化对住房需求的负面影响会被人口迁移抚平。由表5. 5中M. 13、M. 14可知，本书的核心解释变量*OADR*分别通过了5%和1%的显著性水平检验，且回归系数和主回归模型一致，也为负；*OADR*和*Migration*的交互项系数为正，且均通过了5%的显著性水平检验。表明人口老龄化对住房需求的边际效应会受到交互项系数和人口迁移差异的影响。具体来看，人口净流入地区，*OADR*对*Unit*的边际影响为0. 025，*OADR*对*Area*的边际影响为0. 012；人口净流出地区，*OADR*对*Unit*的边际影响为-0. 012，*OADR*对*Area*的边际影响为-0. 019。考虑*Migration*交互项的回归结果表明，*OADR*对*Unit*和*Area*的影响存在人口迁移差异。究其原因，在于人口净流入地区，流动人口的迁入会带来大量劳动力人口，增加当地的住房需求，从而减缓人口老龄化所引起的劳动供给衰减效应，验证了前文的研究假说。而且，人口净流入地区人口老龄化对住房需求的抑制作用会被大量的人口迁入而抚平。历次人口普查的数据显示，我国的人口迁移具有向东南沿海地区集聚的特征。这也就能解释为何我国东部地区人口老龄化水平虽然高，但住房需求也持续走高的原因。这主要是由于东部地区强大的人才“虹吸能力”吸引了大批外来务工人员，扩大了当地的就业人口规模，从而熨平了当地的人口老龄化水平对于住房需求的抑制作用。

5.3.3　有调节的中介效应模型回归结果及分析

前述所分析的模型回归结果只考虑了人口老龄化对住房需求的调节效应和中介效应，本部分的回归结果是按照前文分析思路同时考虑了模型中包含调节变量和中介变量的有调节的中介模型回归结果。鉴于本书所分析的调节变量包括人口生育和人口迁移，因此本节有调节的中介模型回归结果及分析将分为两个部分来进行讨论。

（1）有人口生育调节的中介效应分析

为保持研究的一致性，本部分仍采用系统 GMM 方法来估计动态面板模型，解决模型可能存在的内生性问题。由表 5.6 可知，有人口生育调节的中介模型所涉及的人口老龄化对住房需求的劳动供给效应和健康挤出效应的回归结果均通过了 *AR* 检验和 *Sargan* 检验，表明所有模型干扰项均不存在二阶以上自相关，并且均通过了工具变量过度识别检验，表明模型设定合理，可以进行系统 GMM 回归分析。同时，*Labor*、*Health*、*Unit* 和 *Area* 的滞后项均通过了 1%的显著性水平检验，表明劳动供给效应、健康挤出效应和住房需求均具有显著的动态性。

根据前文有调节的中介模型检验步骤，本部分首先检验式（5.7）的回归结果，识别人口老龄化对住房需求的影响是否受到调节变量人口生育的影响。该步骤已在前文简单调节模型中得到了验证，结果证实 *OADR* 对 *Unit* 的系数及其与 *Bir_24* 交互项系数分别通过了 10%和 1%的显著性水平检验。而 *OADR* 对 *Area* 的系数虽然通过了 1%的显著性水平检验，但 *OADR* 与 *Bir_24* 的交互项对 *Area* 的系数并未通过显著性水平检验。然而该回归结果并不影响后续步骤的检验，还可以继续进行检验，只是在结果解释时会有区别。上述分析步骤显示人口老龄化对住房销售套数的直接效应会受到人口生育的调节，但对住房销售面积的直接效应不会受到人口生育的调节。

其次是按照前文有调节的中介模型分析步骤，依次检验式（5.8）中的 d_1 和 d_3 是否显著，以及式（5.9）中的 b_1 和 b_2 是否显著。该步骤是有调节的中介模型识别中介效应是否受到调节变量影响的关键步骤。由于前文分析的简介模型涉及 2 个中介变量，因此第二步的回归结果及分析会分别展开讨论。

首先从劳动供给效应开始分析，表 5.6 中 M. 15 中 *OADR* 及其与 *Bir_24* 交互项的系数均为正，且通过了 1%的显著性水平检验，表明人口老龄化对健康挤出效应的影响会受到人口生育的调节。结合前文理论分析，人口老龄化会促进健康医疗卫生等消费类支出，并且该促进作用会随着人口生育的提高而提高。M. 16、M. 17 中 *Labor* 及其与 *Bir_24* 的交互项对 *Unit* 和 *Area* 的回归结果均通过了 5%以下的显著性水平检验。根据有调节的中介模型依次检验标准，*OADR* 对 *Unit* 和 *Area* 的劳动供给效应受到了人口生育的调节。并且，由于 *OADR* 的回归结果不显著，因此受人口生育调节的中介模型为完全中介。按照前文研究方法，*Bir_24* 调节变量的均值及上下一个标准差为 14. 05、18. 33 和 22. 61，对于 *Unit* 相对应的中介效应分别为 0. 0015、0. 0031 和 0. 0048；对于 *Area* 相对应的中介效应分别为 0. 0017、0. 0035 和 0. 0056。可见，人口老龄化通过劳动供给影响住房需求的中介途径在受人口生育调节后，人口生育起到了非常重要的调节作用。由于本书人口生育所选取的样本区间为 1981—1995 年的数据，该样本区间正值“80 后”“婴儿回升潮”出生季。而该批“婴儿潮”在本书住房需求样本区间 2005—2019 年正处于住房需求的高峰期，因此人口生育的滞后期熨平了人口老龄化通过劳动供给减少抑制当期住房需求的传导作用。故本书认为长期内人口生育的提高会熨平人口老龄化对住房需求的负向劳动供给效应。

表 5.6　有人口生育调节的中介效应模型回归结果及分析

变量	劳动供给效应			健康挤出效应		
	M. 15	M. 16	M. 17	M. 18	M. 19	M. 20
	Labor	*Unit*	*Area*	*Health*	*Unit*	*Area*
L1. Unit	—	0. 259*** (5. 01)	—	—	0. 632*** (14. 97)	—
L1. Area	—	—	0. 273*** (4. 78)	—	—	0. 346*** (6. 49)
L1. Labor	0. 867*** (22. 01)	—	—	—	—	—
L1. Health	—	—	—	-0. 168*** (-4. 42)	—	—

续表

变量	劳动供给效应			健康挤出效应		
	M. 15	M. 16	M. 17	M. 18	M. 19	M. 20
	Labor	*Unit*	*Area*	*Health*	*Unit*	*Area*
OADR	−0. 005*** (−3. 15)	−0. 004 (−0. 92)	0. 002 (1. 01)	0. 007*** (2. 60)	−0. 016*** (−3. 43)	−0. 013*** (−2. 80)
Bir_24	0. 001 (0. 92)	0. 007** (2. 36)	−0. 001 (2. 08)	0. 002*** (3. 10)	0. 007* (1. 66)	0. 005 (0. 96)
OADR×Bir_24	0. 0005*** (3. 53)	—	—	0. 001* (1. 75)	—	—
Labor	—	0. 605*** (7. 33)	0. 595*** (9. 58)	—	—	—
Labor×Bir_24	—	0. 006** (2. 48)	0. 012** (5. 01)	—	—	—
Health	—	—	—	—	−0. 620*** (−4. 27)	−0. 570*** (−5. 73)
Health×Bir_24	—	—	—	—	0. 048* (1. 86)	0. 054*** (2. 84)
Cons.	−2. 267*** (−7. 91)	8. 467*** (8. 47)	4. 981*** (8. 35)	−0. 411*** (−2. 61)	1. 089** (1. 99)	1. 394** (2. 28)
Sargan 检验	0. 6606	0. 5780	0. 9864	0. 9967	0. 6447	0. 6213
AR（1）	0. 0023	0. 1710	0. 0004	0. 0003	0. 0858	0. 0274
AR（2）	0. 5825	0. 2636	0. 4718	0. 3887	0. 7238	0. 7644
中介效应	—	是	是	—	是	是

注：*** 表示 p<0. 01，** 表示 p<0. 05，* 表示 p<0. 1。

其次是健康挤出效应的分析，表 5. 6 中 M. 18 中 *OADR* 及其与 *Bir_24* 的交互项的系数均通过了 1%的显著性水平检验，表明人口老龄化对健康挤出效应的影响会受到人口生育的调节。M. 19、M. 20 中 *Health* 及其与 *Bir_24* 的交互项对 *Unit* 和 *Area* 的回归结果均通过了 10%以下的显著性水平检验。该回归结果表明人口老龄化对住房销售套数和住房销售面积的健康挤出效应受到了人口生育的调节。按照前文研究方法，*Bir_24* 调节变量的均值及上下一个标准差为 14. 05、18. 33 和 22. 61，对于 *Unit* 相对应的中介效应分别为 0. 0019、0. 0113 和 0. 0243；对于 *Area* 相对应的中介效应分别为 0. 0066、

0.0183 和 0.0340。可见，人口老龄化通过健康挤出效应影响住房需求的中介途径在受人口生育调节后，人口生育起到了非常重要的调节作用。M.19、M.20 中 *OADR* 对 *Unit* 和 *Area* 的直接效应回归结果为负，并通过了 1%的显著性水平检验。结合有调节的中介效应回归结果，表明人口老龄化通过增加健康消费支出进而抑制住房需求的部分中介效应仍然成立。但样本区间“80 后”“婴儿回升潮”的出生会在一定程度上缓解人口老龄化，进而熨平了人口老龄化通过消费支出抑制住房需求的传导过程。

（2）有人口迁移调节的中介效应分析

如表 5.7 所示，有人口迁移调节的中介模型所涉及的人口老龄化对住房需求的劳动供给效应和健康挤出效应的回归结果均通过了 *AR* 检验和 *Sargan* 检验，表明所有模型干扰项均不存在二阶以上自相关，并且均通过了工具变量过度识别检验，表明模型设定合理，可以进行系统 GMM 回归分析。*Labor*、*Health*、*Unit* 和 *Area* 的滞后项均通过了 1%的显著性水平检验，表明劳动供给效应、健康挤出效应和住房需求均具有显著的动态性。

表 5.7　有人口迁移调节的中介效应模型回归结果及分析

变量	劳动供给效应			健康挤出效应		
	M.21	M.22	M.23	M.24	M.25	M.26
	Labor	*Unit*	*Area*	*Health*	*Unit*	*Area*
L1.Unit	—	0.523*** (10.48)	—	—	0.582*** (10.59)	—
L1.Area	—	—	0.281*** (5.78)	—	—	0.348*** (8.08)
L1.Labor	0.884*** (50.95)	—	—	—	—	—
L1.Health	—	—	—	−0.128*** (−5.10)	—	—
OADR	−0.009*** (−7.04)	−0.006 (−1.52)	−0.001 (−0.38)	0.004* (1.81)	−0.008** (−2.31)	−0.013* (−1.90)
Migration	0.051 (1.59)	0.014 (0.06)	0.025 (0.14)	0.002*** (3.10)	0.007* (1.66)	0.005 (0.96)
OADR×Migration	0.0005*** (3.53)	—	—	0.001* (1.75)	—	—

续表

变量	劳动供给效应			健康挤出效应		
	M. 21	M. 22	M. 23	M. 24	M. 25	M. 26
	Labor	*Unit*	*Area*	*Health*	*Unit*	*Area*
Labor	—	0. 669*** (6. 66)	0. 718*** (5. 27)	—	—	—
Labor×Migration	—	−0. 198 (−0. 78)	−0. 222 (−0. 83)	—	—	—
Health	—	—	—	—	−0. 620*** (−4. 27)	−0. 570*** (−5. 73)
Health×Migration	—	—	—	—	0. 048* (1. 86)	0. 054*** (2. 84)
Cons.	−1. 325*** (−6. 70)	6. 496*** (9. 21)	7. 749*** (8. 27)	−0. 411*** (−2. 61)	1. 089** (1. 99)	1. 394** (2. 28)
Sargan 检验	0. 6606	0. 5780	0. 9864	0. 9967	0. 6447	0. 6213
AR (1)	0. 0023	0. 1710	0. 0004	0. 0003	0. 0858	0. 0274
AR (2)	0. 5825	0. 2636	0. 4718	0. 3887	0. 7238	0. 7644
中介效应	—	是	是	—	是	是

注：*** 表示 p<0. 01，** 表示 p<0. 05，* 表示 p<0. 1。

根据前文有调节的中介模型检验步骤，第一步是式（5. 7）的回归结果已在前文人口迁移调节效应模型中得到了验证。回归结果证实 *OADR* 对 *Unit* 的系数及其与 *Migration* 交互项系数均通过了 1% 的显著性水平检验。并且，*OADR* 与 *Migration* 交互项回归系数为正，根据交互项边际效应的分析结果显示人口迁移可以熨平人口老龄化对住房销售套数和住房销售面积的抑制作用。按照前文有调节的中介模型分析步骤。第二步是依次检验式（5. 8）中的 d_1 和 d_3 是否显著，以及式（5. 9）中的 b_1 和 b_2 是否显著。本部分还是按照前文分析步骤，检验中介变量劳动供给效应和健康挤出效应是否受到人口迁移的调节。

表 5. 7 中 M. 21、M. 22、M. 23 是检验人口老龄化对住房需求的劳动供给效应是否受到人口迁移调节的回归结果。M. 21 中 *OADR* 及其与 *Migration* 交互项的系数均通过了 1%的显著性水平检验，表明人口老龄化对劳动供给效应的影响会受到人口迁移的调节。由于 *Migration* 是虚拟变量，因此 M. 21 的回归结果表示人口迁入地区人口老龄化对劳动供给效应的抑制作用要弱

于人口迁出地区，意味着人口迁入地区的迁入人口会熨平人口老龄化对劳动供给效应的抑制作用。M. 22、M. 23 中 *Labor* 对 *Unit* 和 *Area* 的回归结果均通过了 1%的显著性水平检验，但 *Labor* 与 *Migration* 交互项未通过显著性水平检验。根据有调节的中介模型依次检验标准，只要 $d_1 \neq 0$ 且 $b_2 \neq 0$，或者 $d_3 \neq 0$ 且 $b_1 \neq 0$，或者 $d_3 \neq 0$ 且 $b_2 \neq 0$，至少其中一组成立，则表明人口老龄化对住房需求有调节的中介效应成立，该中介过程受到了调节变量的影响。本部分的回归结果显示 $d_3 \neq 0$ 且 $b_1 \neq 0$，即 *OADR* 与 *Migration* 的交互项显著，并且 *Labor* 的回归结果也显著，因此人口老龄化通过劳动供给效应的衰减抑制住房需求的中介过程受到了人口迁移的影响。按照前文研究方法，*Migration* 虚拟变量的均值及上下一个标准差为 0、0.5 和 1，对于 *Unit* 相对应的中介效应分别为-0.0006、-0.0004 和-0.0003；对于 *Area* 相对应的中介效应分别为-0.0006、-0.0005 和-0.0003。相比中介效应的回归结果，人口迁入地区，人口老龄化通过劳动供给效应衰减抑制住房需求的中介作用会变弱，但是人口迁出地区则会变强。该回归结果表明人口迁入会弱化当地的人口老龄化水平，增加当地的劳动供给人口，进而增加当地的住房需求。

人口老龄化对住房需求的健康挤出效应是否受到人口迁移调节的回归结果见表 5.7 后三列。M. 24 中 *OADR* 及其与 *Migration* 交互项的系数均通过了 10%的显著性水平检验，表明人口老龄化对健康挤出效应的影响会受到人口迁移的调节。由于 *Migration* 是虚拟变量，因此 M. 24 的回归结果表示人口迁入地区人口老龄化对健康挤出效应的抑制作用要弱于人口迁出地区，意味着人口迁入地区的迁入人口会熨平人口老龄化对健康挤出效应的抑制作用。M. 25、M. 26 中 *Health* 及其与 *Migration* 的交互项对 *Unit* 和 *Area* 的回归结果均通过了 10%以下的显著性水平检验，表明人口老龄化通过健康挤出效应的增加抑制住房需求的中介过程受到了人口迁移的调节。按照前文研究方法，对于 *Unit* 相对应的中介效应分别为-0.0025、-0.0027 和-0.0029；对于 *Area* 相对应的中介效应分别为-0.0023、-0.0024 和-0.0026。相比中介效应的回归结果，人口迁入地区、人口老龄化通过健康投资增加抑制住房需求的中介作用会变弱，但是人口迁出地区则会变强。该回归结果表明人口迁移会弱化当地的人口老龄化水平，增加当地的劳动供给人口，进而削弱人口老龄化抑制当地住房需求的程度。

因此，从以上回归结果发现人口老龄化会通过供给端劳动供给效应和需求端健康挤出效应两条路径来抑制住房需求，而且该负面传导效应会由于人口生育和人口迁移的调节作用而被弱化。除此之外，人口老龄化也可能会通过其他路径影响住房需求，也是本书下一步的研究方向。

5.4　稳健性检验

为验证前文回归结果的稳定性，本部分仍采取更换人口老龄化的代理变量为老年人口系数，采用系统 GMM 方法来做进一步分析，为简便起见，本节重点对有人口生育和人口迁移调节的中介效应模型进行了稳健性检验（见表 5.8 和表 5.9）。所有模型均通过了 *Sargan* 检验和扰动项无自相关检验，可以进行系统 GMM 估计。

表 5.8　有人口生育调节的中介效应模型稳健性检验回归结果

变量	劳动供给效应			健康挤出效应		
	Labor	*Unit*	*Area*	*Health*	*Unit*	*Area*
PA65	-0.006** (-2.28)	-0.002 (-0.31)	0.009 (0.98)	0.009*** (3.16)	-0.027*** (-3.62)	-0.019*** (-2.92)
Bir_lag24	0.001 (0.87)	-0.002 (-0.52)	-0.002 (-0.37)	0.002*** (3.31)	0.006 (1.43)	0.004 (1.07)
PA65×Bir_lag24	0.001*** (5.19)	—	—	0.001*** (2.68)	—	—
Labor	—	0.585*** (14.10)	0.587*** (11.06)	—	—	—
Labor×Bir_24	—	0.014*** (8.01)	0.013*** (4.66)	—	—	—
Health	—	—	—	—	-0.608*** (-4.16)	-0.555*** (-6.58)
Health×Bir_24	—	—	—	—	0.046* (1.77)	0.067** (2.56)
Sargan 检验	0.7515	0.8456	0.8222	0.9958	0.6276	0.6201
AR（1）	0.0048	0.0004	0.0004	0.0003	0.0592	0.0277
AR（2）	0.2968	0.5213	0.4178	0.5300	0.7662	0.7353
中介效应	—	是	是	—	是	是

注：*** 表示 p<0.01，** 表示 p<0.05，* 表示 p<0.1。

如表 5.8 所示，第 2 列、第 3 列、第 4 列为有人口生育调节的劳动供给效应回归结果，第 5 列、第 6 列、第 7 列为有人口生育调节的健康挤出效应回归结果。有人口生育调节的劳动供给效应回归结果显示：*PA65* 对 *Labor* 的回归系数为负，且通过了 5%的显著性水平检验；*PA65* 对 *Unit* 和 *Area* 直接效应的回归结果均不显著，但 *Labor* 及其 *Bir_lag24* 的交互项对 *Unit* 和 *Area* 的回归系数为正，并通过了 1%的显著性水平检验。表明从供给端来看人口老龄化通过减少劳动供给抑制住房需求增长的作用路径会受到人口生育的调节。有人口生育调节的健康挤出效应回归结果显示：*PA65* 对 *Health* 的回归系数为正，且通过了 1%的显著性水平检验；*PA65* 对 *Unit* 和 *Area* 的回归结果通过了 1%的显著性水平检验且系数为负，且 *Health* 及其与 *Bir_lag24* 的交互项对 *Unit* 和 *Area* 的回归结果也通过了 1%的显著性水平检验，系数为负，表明从需求端来看人口老龄化通过增加健康投资挤出住房需求的部分中介效应会受到人口生育的调节。

表 5.9　有人口迁移调节的中介效应模型稳健性检验回归结果

变量	劳动供给效应			健康挤出效应		
	Labor	*Unit*	*Area*	*Health*	*Unit*	*Area*
PA65	-0.007** (-2.15)	-0.007 (-0.95)	0.012 (1.31)	0.009*** (2.83)	-0.030** (-2.53)	-0.022*** (-2.58)
Migration	0.038 (0.61)	0.011 (0.05)	0.074 (0.45)	-0.113*** (-3.73)	0.056 (0.28)	-0.104 (-0.61)
PA65×Migration	-0.013** (-2.39)	—	—	-0.021*** (-3.77)	—	—
Labor	—	0.670*** (6.63)	0.704*** (6.14)	—	—	—
Labor×Migration	—	-0.200 (-0.79)	-0.213 (-0.68)	—	—	—
Health	—	—	—	—	-0.566*** (-4.27)	-0.538*** (-4.75)
Health×Migration	—	—	—	—	-0.293 (-0.23)	-0.322 (-1.35)
Sargan 检验	0.6286	0.8211	0.7948	0.9963	0.5547	0.5351
AR（1）	0.0029	0.0004	0.0003	0.0004	0.0327	0.0194
AR（2）	0.3446	0.3415	0.2314	0.5652	0.9657	0.7015

续表

变量	劳动供给效应			健康挤出效应		
	Labor	*Unit*	*Area*	*Health*	*Unit*	*Area*
中介效应	—	是	是	—	是	是

注：*** 表示 $p<0.01$，** 表示 $p<0.05$，* 表示 $p<0.1$。

如表 5.9 所示，第 2 列、第 3 列、第 4 列为有人口迁移调节的劳动供给效应回归结果，第 5 列、第 6 列、第 7 列为有人口迁移调节的健康挤出效应回归结果。有人口迁移调节的劳动供给效应回归结果显示：*PA65* 对 *Labor* 的回归系数为负，且通过了 5%的显著性水平检验；*PA65* 对 *Unit* 和 *Area* 直接效应的回归结果均不显著，但 *Labor* 对 *Unit* 和 *Area* 的回归系数为正，并通过了 1%的显著性水平检验。表明从供给端来看人口老龄化通过减少劳动供给抑制住房需求增长的完全中介效应会受到人口迁移的调节。有人口迁移调节的健康挤出效应回归结果显示：*PA65* 对 *Health* 的回归系数为正，且通过了 1%的显著性水平检验；*PA65* 对 *Unit* 和 *Area* 的回归结果通过了 1%的显著性水平检验且系数为负，且 *Health* 的交互项对 *Unit* 和 *Area* 的回归结果也通过了 1%的显著性水平检验，系数为负，表明从需求端来看人口老龄化通过增加健康投资挤出住房需求的部分中介效应会受到人口迁移的调节。其余人口老龄化对住房需求的调节效应、中介效应回归结果也通过了稳健性检验，与前文回归结果类似，限于篇幅未列出。综上所述，人口老龄化影响住房需求的两条中介途径估计结果是稳健的，研究结论是可信的。

5.5 本章小结

在初步探究人口老龄化和住房需求影响趋势的基础上，本章进一步从供给和需求的角度识别人口老龄化影响住房需求的作用路径，并在考虑多种调节作用的条件下，通过构建调节效应、中介效应和有调节的中介效应模型，采用系统 GMM 方法实证验证人口老龄化对住房需求的中介效应是否会受到调节作用的影响。研究结果显示：

从中介效应的结果来看，人口老龄化通过劳动供给效应和健康挤出效应影响住房需求的中介效应回归结果均显著。具体来看，人口老龄化会通过抑制劳动供给效应来减少住房销售套数和住房销售面积。人口老龄化会部分通过促进健康挤出效应来抑制住房销售套数和住房销售面积。

从调节效应的结果来看，人口老龄化对住房需求的影响会受到人口生育和人口迁移的影响。具体来看，人口老龄化对住房销售套数的负向作用会由于人口生育率的增长而被减弱，但人口生育率对人口老龄化和住房销售面积影响关系的回归结果不显著。人口老龄化对住房销售套数和住房销售面积的抑制作用均会被人口迁移所熨平。

从有调节的中介效应结果来看，从供给端来看人口老龄化通过减少劳动供给抑制住房需求增长的作用路径会受到人口生育和人口迁移的调节，从需求端来看人口老龄化通过增加健康投资挤出住房需求的部分中介效应会受到人口迁移的调节。这表明人口老龄化抑制住房需求的劳动供给效应和健康挤出效应会被人口生育和人口迁移的调节作用弱化。

第6章　时空视角下中国人口老龄化对住房需求的分异分析

在区域人口老龄化“马太效应”特征研究结果的基础上，本章进一步从时空视角考察中国人口老龄化对住房需求的分异分析。从区域、人口老龄化时间和速度以及公共服务供给多维角度，采用交互项分组分析方法基于全国30个省份2005—2019年的面板数据，构建动态面板模型借助系统GMM估计方法考察人口老龄化对住房需求的多维异质性。并在动态基准面板模型的基础上，加入空间因素构建动态空间杜宾模型探究了人口老龄化对住房需求的空间效应。上述问题可以更深入地剖析人口老龄化背景下住房需求的分异特征，有利于促进住房市场的均衡健康发展。

6.1　理论分析和研究假说

6.1.1　多维异质性分析

由于空间、人口以及经济社会发展的差异，人口老龄化对住房需求的影响会存在差异（见图6.1）。因为人口老龄化对住房需求的总体影响并不具有普适性，还需要综合考虑在不同条件下的影响差别，才能更为深入地了解人口老龄化“马太效应”对住房需求的影响差别。根据区域不平衡增长论，当一个国家或地区的经济发展集中先发生在某个区域时，相对于其他区域而言就会产生极化差异。并且，在经济发展的初期，极化效应会占主导地位。在极化效应的影响下，各区域的人口分布和住房需求也会产生差别。前文已经论述人口年龄结构对于住房需求影响的重要性。而不同区域间的人口数量及人口结构是有区别的。即便是人口数量相同的两个地区，只要人口年龄结构有差别，对住房需求的影响也有不同。本书根据《中国统计年鉴》数据计算发现，我国各地区2005—2019年平均年末常住人口总量在东部地区为5110.05万人、中部地区为5273.11万人、西部地区为3067.43万人。其中，东部、中部、西部地区的年平均*PA*65分别为10.26%、9.62%、8.76%。住房市场方面，以住房销售套数为例，东部、中部、西部地区2005—2019年年均住房*Unit*分别达到39.38万套、32.68万套、20.43万套。结合前文对我国东部、中部、西部地区人口老龄化和住房需求的概况分析，可知各区域存在较大的差异性。

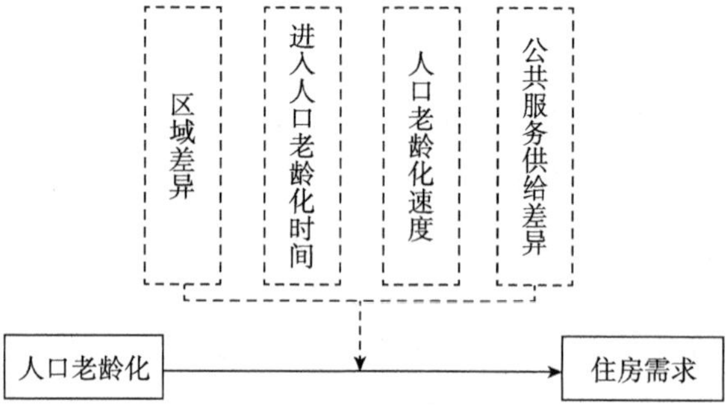

图6.1　人口老龄化对住房需求的多维异质性影响

除人口老龄化对住房需求的影响存在区域差异外，人口老龄化自身差异对住房需求影响也不同。经济增长理论认为人口是经济增长的主要动力。但在同样的人口规模下，人口年龄结构的不同对经济所造成的影响也有差异。分年龄的劳动参与率对经济的影响呈现倒“U”形特征，老年组群的劳动参与率明显降低。都阳（2021）在分析不同国家人口老龄化对经济增长影响时，把122个国家按照人口老龄化速度进行了分组研究。结果发现人口老龄化速度对经济增长的影响是存在差异的。我国的人口老龄化速度已经达到了中快速组的界限。而且根据前文第3章的分析，本书发现我国各个省（区、市）人口老龄化速度也存在差异，中部、西部地区人口老龄化速度要明显快于东部地区。而且，我国各区域进入人口老龄化的发展时间也不同，1999年我国达到人口老龄化社会标准时，仅有北京、天津、辽宁、上海、江苏、浙江、安徽、福建、山东、河南、湖北、湖南、广东、广西、重庆和四川的*PA*65超过了7%。到2019年，我国内地除西藏外已经全部达到人口老龄化社会的标准。其中有一些省份虽然进入人口老龄化的时间较晚，但后期速度较快；而有一些省份虽然先进入了人口老龄化社会，但后期速度较慢。本书根据2000—2020年《中国统计年鉴》数据计算发现，黑龙江和吉林在1999年*PA*65虽未达到7%，但到2019年这两个省份在全国*PA*65的排名中进入了前十；北京的*PA*65在1999年排名第二，但到2019年退列第十九名。20年间北京的*PA*65仅增长了1.19%，但黑龙江和吉林分别增长了8.36%和6.51%。过快的人口老龄化速度导致这两个地区的劳动力短缺严重，住房市场也陷入低迷。而人口老龄化程度相对较稳定的北京，住房需求却在不断增加，甚至出现一房难求的现象。可见，人口的快速老龄化对住房需求的影响是不容忽视的。

人口老龄化对住房需求的影响也由于区域间公共服务供给水平的差异而不同。基于人口迁移加速人口老龄化“马太效应”的特征分析，人们在选择迁移地时多数会考虑当地的公共服务供给水平。Tiebout（1956）提出的“用脚投票”理论指出，居民在自由选择迁移地点时通常会流入公共服务供给水平较高的地区。推力—拉力理论的核心思想也认为人们选择迁移的主要原因是寻求更能满足自身需求的地区。因此，公共服务供给水平的差异性必然会影响人口迁移的方向。而由于经济发展水平的不同，我国各省（区、市）在交通、医疗和健康服务等公共服务供给方面还存在较大差异。而深入剖析人口老龄化对住房需求的公共供给服务差异对解决我国人口和区域发展均衡问题具有非常重要的现实意义。据此，形成研究假说H5。

H5：人口老龄化对住房需求的负面影响具有多维异质性，存在区域差异、人口老龄化时间和速度差异以及公共服务供给差异。

6.1.2　空间效应分析

随着经济和社会的不断发展，区域间的人口流动和经济联系也越来越紧密。一个地区的住房需求不仅需要考虑本地区的人口结构问题，同时也要把周边区域对本地住房需求的空间效应考虑在内，这样才能更为全面地反映人口老龄化对住房需求的影响。而在人口生育率和死亡率都保持在平稳低水平的状态下，考虑人口老龄化对住房需求的空间影响则不得不分析区域间的人口迁移在其中所起的作用。从现代西方人口迁移理论的角度来看，本书已在第3章和第5章分别分析了人口迁移在改变人口老龄化程度和调节人口老龄化与住房需求关系中的作用。研究结论发现，人口迁移会同时改变迁入地和迁出地的人口老龄化程度。具体来讲，人口净流入可以缓解迁入地的人口老龄化；人口净流出则会加速当地的人口老龄化程度，人口迁移加速了人口老龄化的“马太效应”。邹瑾（2018）的研究结果发现，人口迁移对房价的影响作用要大于人口老龄化。住房需求的增加或减少可以在一定程度上反映人口迁入或迁出给当地社会经济带来的后果。由于各个区域间的资源禀赋和区位条件不一致，导致各个区域的经济发展水平也会产生差异。而资源禀赋的差异包括人口数量和人口年龄结构的区别。

在区域经济发展的早期，受资源约束条件的限制，经济发达地区由于上述资源禀赋的优势很容易吸引更多的劳动力资源，从而为该区域的经济发展和住房市场争取更多的人力资本。但是反过来则会给欠发达地区带来资源缺乏的劣势，从而形成与经济发达地区在人口资本、社会资源和住房市场的差距，形成“马太效应”。而这种“马太效应”会随着经济发展水平和人力资本的两极分化越来越显著，从而造成区域间发展的不平衡状况。党的十九大报告提出，当前我国社会的主要矛盾已经转化为人民日益增长的美好生活需要与不平衡不充分发展之间的矛盾。出于经济发展的需要，在改革开放初期我国的区域政策向东南沿海地区倾斜，在一定程度上促进了东部地区经济的快速发展，也吸引了大批外来流动人口，极大地缓解了东部地区的人口老龄化问题，增强了东部地区的经济老年抚养能力，使东部地区居民可支配收入中可用于购买住房的财富比例增加，促进了住房需求迅速增长。但是也让东部地区与中部、西部地区的发展差距愈演愈烈，区域间不平衡不均衡的问题也逐渐凸显。周皓（2021）研究发现我国的人口流动在五普到六普的10年间变得更加活跃。据五普和六普数据统计，10年间我国流动人口比例增加了88.52%。这表明，区域间的人口流动是经济发展的常态，不能忽视其在人口老龄化水平上所起的作用，需要从空间视角更为全面考察我国人口老龄化对住房需求的影响变化。

从空间效应的角度来看，尤其是新经济地理学的三种核心结论——本地市场放大效应、生活成本效应和市场竞争效应，也可以解释区域发展空间不均衡问题。区域的空间不均衡导致人口老龄化和住房需求会存在空间集聚的现象。由于住房需求具有规模集聚的可能，区域经济发展的初期，区域内的各种资源禀赋以及社会资源在集聚机制的作用下会产生规模经济。根据新经济地理学本地市场放大效应理论，随着本地规模经济的不断发展，会吸引更多、更大比例的物质资本和人力资本进入本地区，从而增加当地的住房需求。而根据空间计量经济学的空间相关性理论，区域间空间关系的改变也会影响人口老龄化所起的作用。根据Tobler（1970）提出的“地理学第一定律”，如果一个地区的经济发展水平、公共服务供给水平和社会保障水平较高时，则会吸引大批流动人口流入该地区，从而改变该地区的人口结构和劳动力供给数量，增加当地住房需求。但也要注意到周边区域对本地住房需求的空间邻近效应。根据空间效应理论，距离越近的地区则其相互间的经济和社会影响会越强。结合我国目前区域经济发展的现实情况，为了解决区域间不均衡发展的问题，我国在2004年和2006年分别提出了中部崛起和西部大开发战略。在该政策引导下，我国区域间的差距在逐步缩小。尤其是在住房市场，东部、中部、西部地区的住房需求也趋于接近。本书根据《中国统计年鉴》数据计算结果显示，2006 年我国东部地区的平均住房销售套数为 22 万套，而中部、西部地区的平均住房销售套数分别为 9.9 万套和 8.5 万套。但到 2019 年，中部地区的平均住房销售套数已经反超东部地区达到 52.4 万套，而东部地区仅为 49.4 万套。可见，我国东部地区和中部地区的住房市场正在慢慢向空间集聚的方向发展。住房市场在区域空间规模集聚下，既可以缓解区域内外人口老龄化所带来的需求动力不足问题，也为房地产企业间形成良性竞争提供了更为广大的市场环境，有利于房地产行业在区域间的产业融合和均衡发展。据此，形成研究假说 H6。

H6：人口老龄化对住房需求的影响具有负向空间溢出效应。

6.2　模型构建与数据说明

6.2.1　模型构建

（1）多维异质性影响实证模型构建

基于上述理论分析，人口老龄化对住房需求的影响会由于区域差异、人口老龄化时间和速度差异以及公共服务供给差异而产生异质性。因此，本节在式（4.16）动态基准面板模型的基础上，构建异质性变量与人口老龄化的交互项，考虑异质性变量影响下人口老龄化对住房需求的分异特征，模型构建如下：

$$\ln H_{it} = \upsilon_1 + \upsilon_2 H_{i,t-1} + \upsilon_3 Aging_{it} + \upsilon_4 Dif_{it} + \upsilon_5 Aging_{it} \times Dif_{it} + \upsilon_6 Control_{it} + u_{it} \tag{6.1}$$

其中，*Dif* 为异质性变量，设定为虚拟变量，分别用区域差异、人口老龄化差异和公共服务供给差异来衡量。异质性变量与人口老龄化交互项的含义见 5.2.1 节关于交互项含义的解释。*H* 为被解释变量，表示 i 省份第 t 年的住房需求，$H_{i,t-1}$ 表示被解释变量 H_{it} 的滞后一期；*Aging* 表示人口老龄化程度；控制变量包括城镇登记失业率 *Unem*、城镇化水平 *Urban*、家庭规模 *Famsize*、人均 *GDP*、利率 *Rate* 和住宅平均销售价格 *Price*。u 是随机扰动项，反映未被观测到的变量对被解释变量的影响。具体核心解释变量和控制变量的选取和数据来源见 4.3.2 节。

（2）空间效应实证模型构建

李超等（2015）指出，住房需求在城市和区域之间会产生相互传导作用。并且，生活经验和经济常识也告诉我们，全国各省份之间的经济、社会和文化都存在着千丝万缕的联系，且地理距离越近的地区关联度越高。但鲜有文献将人口老龄化对住房需求的空间因素加以考虑。本书根据 Holly 等（2010，2011）和李超等（2015）的研究设计，引入空间因素来考察各核心解释变量对住房需求的影响程度。

①空间权重矩阵的构建

关于空间权重矩阵的选择，鉴于我国交通供给水平不断发展，全国各省（区、市）间的人口迁移和经济发展都逐渐产生了越来越多的联系。而邻接矩阵作为常见的空间权重矩阵，显然已不适用于本研究，再加上海南地处岛屿之上，其和周边区域不接壤，采用邻接矩阵也容易造成估计有偏。并且，现有研究中也有很多学者采用地理距离矩阵来研究住房问题，得到比较稳健的回归结果。比如周小平等（2019）在研究城市住宅价格时，也采用地理距离权重矩阵反映不同城市在空间的邻近关系。基于此，本书研究区域间的住房需求，也采用地理距离权重矩阵，具体的计算方法为：

$$W_{ij} = \frac{1}{d_{ij}} \tag{6.2}$$

其中，d_{ij} 表示区域 i 和区域 j 之间的距离，用各省份省会城市间的地理直线距离来衡量。式（6.2）中基于地理第一定理，用反距离测算法的原理来计算，表示空间距离越近，相关性越高；空间距离越远，相关性越低。

②空间相关性检验

构建空间计量模型前，首先要考察数据是否具有空间自相关性。因此，空间自相关检验是选用空间计量模型的前提和必要条件。为考察空间自相关，按照第 2 章空间相关性检验的分析，一般分为全局空间自相关和局部空间自相关。本书已在第 3 章中凭借 ArcGIS 软件计算和分析了人口老龄化的全局空间自相关和局部空间自相关，结果证实 *OADR* 具有显著的全局空间自相关和局部空间自相关，为本部分开展空间计量模型实证研究奠定了基础。为进一步检验本书的被解释变量住房需求的代理变量 *Unit* 和 *Area* 的空间自相关关系，本部分改用 Stata15 选用地理距离空间权重矩阵，使用最常用的 *Global Moran's I* 指数（全局空间自相关）来检验全局空间自相关，公式如下。

$$Moran's\ I = \frac{\sum_{i=1}^{n}\sum_{j=1}^{n} W_{ij}(x_i - \bar{x})(x_j - \bar{x})}{\delta_2 \sum_{i=1}^{n}\sum_{j=1}^{n} W_{ij}} \tag{6.3}$$

式中，W_{ij} 为空间权重矩阵的（i, j）元素（用来度量第 i 个省和第 j 个省之间的空间距离）。本部分的 W_{ij} 空间权重矩阵为地理距离空间权重，第 i 个省和第 j 个省之间的空间距离用各省份省会城市间的地理距离来衡量。式（6.3）中的 *Moran's I* 用来考察整个空间序列的空间自相关关系。结合本研究，正值表示住房需求区域间呈正相关关系，负值表示住房需求区域间呈负相关关系。

③空间计量模型选择与构建

本部分在第 4 章普通基准静态面板模型（4.15）的基础上，引入各省空间数据，构建空间杜宾模型（SDM）。之所以选择 SDM 模型作为研究起点，是因为 SDM 模型既可以反映解释变量的空间滞后项，也可以反映被解释变量来自本区域和相邻区域的影响。Elhost（2010）、谢杰（2015）等学者认为，SDM 模型把空间相关项加入模型设定中，可以解决多重共线性的模型设定问题。姜磊（2018）也提出，SDM 模型可以有效降低忽略解释变量空间滞后项所导致模型设定的遗漏偏误问题。LeSage 和 Pace（2009）倡导将空间杜宾模型作为分析的起点。因为，如果在模型设定时忽略了被解释变量的空间滞后项和解释变量的空间误差项很有可能导致模型遗漏偏误（Green，2011）。如果只忽略空间自相关误差项，也可能导致估计量有效性降低，但仍具有一致性。选用空间杜宾模型作为研究起点的优点：一是如果数据生成过程是空间滞后模型、一般空间模型或空间杜宾模型，由于空间杜宾模型考虑了解释变量的空间滞后项，其回归结果也不会得到有偏估计；二是如果数据生成过程是空间误差模型，空间杜宾模型的回归结果也不会得到错误的 t 统计量和标准误。主要原因是空间误差模型和空间滞后模型是空间杜宾模型的特例。按照上述研究思路，本书把空间杜宾模型作为研究起点。故构建如下静态空间杜宾模型：

$$\begin{aligned} H_{it} = \rho W_{ij} H_{it} + \upsilon_0 + \upsilon_1 Aging_{it} + \upsilon_2 Control_{it} + \delta_1 W_{ij} Aging_{it} + \\ \delta_2 W_{ij} Control_{it} + u_i + \gamma_i + \varepsilon_{it} \end{aligned} \tag{6.4}$$

式中，H 为被解释变量，表示 i 省份第 t 年的住房需求；ρ 为空间自回归系数，表示邻近区域被解释变量对本地住房需求的影响。W_{ij} 表示空间权重矩阵第 i 行、第 j 列元素（用来度量各省份之间的距离）。为保持研究的一致性，被解释变量与控制变量和第 4 章一致。*Aging* 为被解释变量人口老龄化；*Control* 控制变量包括城镇登记失业率 *Unem*、城镇化水平 *Urban*、家户规模 *Famsize*、人均 *GDP*、利率 *Rate* 和住宅平均销售价格 *Price*。υ 为解释变量的系数。δ 为来自邻近区域解释变量影响的系数，表示邻近区域解释变量对本地住房需求的影响。u_i 为区域 i 的个体效应；γ_i 为时间效应；ε 为随机扰动项，反映未被观测到的变量对被解释变量的影响。

由于房地产市场的住房交易量会受到上一年住房销售额的影响，因此在衡量住房需求时引入了住房需求的滞后项，来反映住房需求的动态性。基于式（4.16）和式（6.4），拓展为如下动态空间杜宾模型：

$$H_{it} = \tau H_{i,\ t-1} + \rho W_{ij} H_{it} + \upsilon_0 + \upsilon_1 Aging_{it} + \upsilon_2 Control_{it} + \delta_1 W_{ij} Aging_{it} + \delta_2 W_{ij} Control_{it} + u_i + \gamma_i + \varepsilon_{it} \tag{6.5}$$

式（6.5）中，$H_{i,t-1}$ 表示住房需求的滞后一期。其余变量含义同式（6.4）。在式（6.5）中，既考虑了解释变量的空间效应，也衡量了被解释变量住房需求的时间动态性，反映住房需求的当期和滞后期对本地住房需求的影响，可以更全面地体现人口老龄化对当地及周边区域住房需求的影响，以及周边区域人口老龄化对本地住房需求的影响。参照 ELHORST（2010）的做法，选择 SDM 模型还需要通过 LM 检验、Wald 检验以及 LR 检验来诊断模型设定是否合适，以及是否会退化为 SAR 模型或 SEM 模型。

6.2.2 指标选取及数据说明

（1）指标选取

为保持研究的一致性，本部分核心变量和控制变量的指标选取与第 4 章一致。被解释变量住房需求仍选用 *Unit* 和 *Area* 作为代理变量；核心解释变量人口老龄化选用 *OADR* 来衡量；控制变量包括城镇登记失业率、城镇化率、家庭规模、人均 *GDP*、利率和住宅平均销售价格。具体数据描述性统计见表 4.1。

由于我国幅员辽阔，经济、社会发展的差异性较大，本部分从区域差异、人口老龄化差异以及公共服务供给差异三个角度来进一步探讨人口老龄化对住房需求异质性的影响。关于异质性指标选取情况如下：

区域差异按照我国东部、中部、西部三大地区分类设定虚拟变量。其中，*East* 表示以中部、西部地区为参照组，东部地区取值为 1；*Central* 表示以东部、西部地区为参照组，中部地区取值为 1；*West* 表示以东部、中部地区为参照组，西部地区取值为 1。具体数据统计结果见表 6.2。

人口老龄化时间差异 *Agetime* 和人口老龄化速度差异 *Oldspeed* 设定为虚拟变量。人口老龄化时间差异 *Agetime* 表示各省份 *PA65* 是否在 1999 年超过 7%，人口老龄化速度差异 *Oldspeed* 表示 1999—2019 年 30 个省份 *OADR* 年均增长率是否达到均值（本书计算结果显示 *OADR* 年均增长率为 2.8%），具体赋值和分组情况见表 6.1 和表 6.2。

公共服务供给差异 *Public* 也设定为虚拟变量，表示使用 2005—2019 年 30 个省份每万人拥有公共交通车辆是否达到均值（本书计算结果 *Public* 年均值中位数为 11.3 标台），具体赋值和分组情况见表 6.1 和表 6.2。

（2）数据说明

本部分数据仍选取 2005—2019 年全国 30 个省份（西藏因部分数据缺失予以删除）的省级面板数据展开研究。为了更加深入分析人口老龄化对住房需求影响的分异性，30 个省份分组虚拟变量区域差异、人口老龄化时间和速度差异以及公共服务供给差异的描述性统计见表 6.1，细分分组见表 6.2。

表 6.1　异质性变量描述性统计

变量类型	变量	含义	样本数	平均值	标准差	最小值	最大值
异质性变量	*East*	*East*=1，*or*=0	450	0.37	0.48	0	1
	Central	*Central*=1，*or*=0	450	0.27	0.44	0	1
	West	*West*=1，*or*=0	450	0.37	0.48	0	1
	Agetime	$Agetime=\begin{cases}1\text{ 若 }PA65\geqslant 7\\0\text{ 若 }PA65<7\end{cases}$ *whenyear*=1999	450	0.57	0.50	0	1
	Oldspeed	$Oldspeed=\begin{cases}1\text{ 若 }Oldspeed\geqslant 2.8\%\\0\text{ 若 }Oldspeed<2.8\%\end{cases}$	450	0.50	0.50	0	1
	Public	$Public=\begin{cases}1\text{ 若 }Public\geqslant 11.3\text{ 标台}\\0\text{ 若 }Public<11.3\text{ 标台}\end{cases}$	450	0.53	0.50	0	1

从表 6.1 异质性变量描述性统计结果来看，区域差异、人口老龄化进入时间早晚、速度快慢，以及公共服务供给水平高低的数据都存在一定的变异性，可以进行统计分析。本部分使用 30 个省份，时间跨度为 2005—2019 年 15 年的省级面板数据，可以控制东部、中部、西部区域差异、人口老龄化时间和速度以及公共服务供给水平高低等相关因素，来考察不同地区人口老龄化的发展进程对住房需求的影响。

从表6.2人口老龄化时间和速度差异以及公共服务供给的分组结果来看，进入人口老龄化时间早的省份一般公共服务供给水平较高，比如北京、天津、上海、江苏、浙江、福建和广东等，这些省份的经济发展水平一般都较高，人才“虹吸能力”较强，集聚于东部沿海地区；而 *OADR* 增速较快的省份则公共服务供给水平相对较低，比如内蒙古、辽宁、吉林、黑龙江、重庆和甘肃等，这些省份多数经济发展水平较低，人才吸引优势不足。结合前文人口迁移省份的划分，会发现 *OADR* 增速较快、公共服务供给水平较低的省份多数人口迁移模式为人口净流出；而进入人口老龄化较早和公共服务供给水平较高的地区多数人口迁移模式为人口净流入，再次证明区域人口老龄化具有“马太效应”，有进行分析的必要性。

表6.2　异质性变量划分标准

省份	*Agetime*	*Oldspeed*	*Public*	省份	*Agetime*	*Oldspeed*	*Public*
北京	1	0	1	河南	1	0	0
天津	1	0	1	湖北	1	1	0
河北	0	1	0	湖南	1	1	1
山西	0	0	0	广东	1	0	1
内蒙古	0	1	0	广西	1	0	0
辽宁	1	1	0	海南	0	0	0
吉林	0	1	0	重庆	1	1	0
黑龙江	0	1	1	四川	1	1	1
上海	1	0	1	贵州	0	1	0
江苏	1	0	1	云南	0	0	1
浙江	1	0	1	陕西	1	0	1
安徽	1	1	0	甘肃	0	1	0
福建	1	0	1	青海	0	0	1
江西	0	0	0	宁夏	0	1	0
山东	1	1	1	新疆	0	1	1

6.3　多维异质性影响分析

由于我国幅员辽阔，人口老龄化对住房需求的总体影响不具有普适性。因此，结合前文理论分析，需要从区域差异、人口老龄化时间和速度差异以及公共服务供给差异等角度来综合分析人口老龄化对住房需求的影响。为避免分组回归损失样本值导致样本量过小而使回归结果有偏，本部分采用交互项的方法来进行分析。

6.3.1 区域视角下住房需求异质性分析

区域发展不均衡是我国目前经济发展过程中面临的一个重要问题。从前文第 3 章人口老龄化和住房需求的空间特征分析来看，二者在空间布局和空间关系上都有非常显著的差异性。因此，本部分先从区域视角出发，分析人口老龄化对住房需求影响的多维异质性。如表 6.3 所示，所有模型的扰动项差分自相关检验，*AR*（1）存在一阶自相关，但 *AR*（2）不存在二阶自相关，表明可以接受“扰动项无自相关”的原假设。所有模型均通过了 *Sargan* 检验，表明工具变量设定合理，可以进行系统 GMM 分析。根据 *AR*（1）、*AR*（2）和 *Sargan* 的相关检验结果，设定被解释变量的最大滞后期为 3。在加入进人人口老龄化时间差异调节变量后，*Unit* 和 *Area* 的滞后期均通过了显著性水平检验，且为正。这表明在考虑了区域差异因素后，住房需求的动态性仍然十分显著，动态面板模型设定合理。

表 6.3 异质性影响回归结果（一）

变量	M. 1	M. 2	M. 3	M. 4	M. 5	M. 6
	Unit			*Area*		
*L*1. *Unit*	0. 610 *** (13. 38)	0. 555 *** (9. 99)	0. 527 *** (15. 08)	—	—	—
*L*1. *Area*	—	—	—	0. 343 *** (6. 74)	0. 374 *** (9. 53)	0. 291 *** (8. 55)
OADR	0. 002 (0. 31)	−0. 020 *** (−4. 84)	0. 001 (0. 28)	−0. 002 (−0. 47)	−0. 015 *** (−4. 04)	0. 001 (0. 03)
East	0. 360 ** (2. 48)	—	—	0. 428 *** (3. 06)	—	—
East×*OADR*	−0. 024 (−1. 48)	—	—	−0. 016 (−1. 11)	—	—
Central	—	0. 571 ** (2. 50)	—	—	−0. 063 (−0. 29)	—

续表

变量	M. 1	M. 2	M. 3	M. 4	M. 5	M. 6
	Unit			*Area*		
Central×OADR	—	−0. 050 *** (−4. 30)	—	—	−0. 043 *** (−3. 37)	—
West	—	—	−0. 647 *** (−6. 59)	—	—	−0. 535 *** (−4. 43)
West×OADR	—	—	0. 050 *** (4. 29)	—	—	0. 048 *** (4. 19)
Unem	0. 044 (1. 32)	−0. 035 (−1. 24)	0. 022 (0. 65)	0. 037 (1. 34)	0. 019 (1. 02)	0. 023 (1. 00)
Urban	−0. 043 *** (−7. 46)	−0. 030 *** (−4. 97)	−0. 051 *** (−8. 73)	−0. 042 *** (−8. 93)	−0. 027 *** (−8. 52)	−0. 043 *** (−9. 46)
Famsize	−0. 188 (−1. 22)	−0. 144 (−0. 92)	−0. 317 ** (−2. 23)	−0. 335 *** (−3. 44)	−0. 215 ** (−2. 39)	−0. 441 *** (−4. 12)
GDP	0. 454 *** (3. 14)	0. 355 ** (2. 37)	0. 704 *** (6. 25)	−0. 062 (−0. 57)	−0. 287 ** (−2. 38)	0. 074 (0. 73)
Rate	−0. 089 *** (−14. 60)	−0. 087 *** (−11. 85)	−0. 095 *** (−14. 29)	−0. 091 *** (−8. 60)	−0. 085 *** (−8. 06)	−0. 100 *** (−9. 90)
Price	0. 186 *** (3. 00)	0. 214 *** (3. 83)	0. 106 ** (2. 25)	0. 291 *** (5. 15)	0. 358 *** (7. 70)	0. 237 *** (3. 97)
Cons.	1. 629 *** (3. 11)	2. 576 *** (6. 09)	1. 470 *** (3. 32)	1. 516 ** (2. 41)	2. 105 *** (3. 95)	1. 659 *** (3. 21)
Sargan 检验	0. 9853	0. 9892	0. 9871	0. 5433	0. 5417	0. 5558
AR（1）	0. 0002	0. 0001	0. 0003	0. 0552	0. 0258	0. 0503
AR（2）	0. 3185	0. 3116	0. 2721	0. 4738	0. 9281	0. 4442
样本数	420	420	420	360	360	360

注：*** 表示 $p<0.01$，** 表示 $p<0.05$，* 表示 $p<0.1$；括号内为 z 值。M. 1 和 M. 4 表示以中部、西部地区为参照组，东部地区取值为 1；M. 2 和 M. 5 表示以东部、西部地区为参照组，中部地区取值为 1；M. 3 和 M. 6 表示以东部、中部地区为参照组，西部地区取值为 1。

由表 6. 3 可知，M. 1 和 M. 2 东部地区和西部地区人口老龄化的回归系数不显著，只有 M. 2 中部地区的回归结果为负，并且通过了 1%的显著性水平检验。这表明，中部地区人口老龄化对住房销售套数具有显著的抑制作用，而东部、西部地区的人口老龄化不会对住房销售套数产生影响。同样的回归结果见 M. 4、M. 5 和 M. 6，只有中部地区人口老龄化对住房销售面积的回归结果显著为负，且通过了 1%的显著性水平检验。这表明只有中部地区的人口老龄化会抑制住房销售面积的增长。东部地区人口老龄化的回归结果之所以不显著的原因是样本期内东部地区的人口迁移非常活跃。据六普和七普数据统计显示，我国东部地区流动人口占总流动人口的占比分别为 82. 5%和 73. 54%。东部地区是我国流动人口流入的主要地区。大量的流动人口会极大地缓解当地的人口老龄化程度，增加东部地区的就业人口，从而促进住房需求增长，因此可能会掩盖人口老龄化对住房需求的抑制作用。而西部地区作为人口输出的主要地区，再加上西部地区自身地广人稀、住房需求较低的特点，就会导致人口老龄化的回归结果不显著。从第 4 章住房需求的现状中，本书发现中部地区的住房需求在 2016 年后开始快速发展，逐步接近东部地区的住房需求水平。但在此之前，中部地区的住房需求水平与东部地区相比还有很大差距，而人口老龄化程度却与东部地区非常接近。随着中部地区人口流失的加剧，人口老龄化对住房销售套数和住房销售面积的负面影响还会加大，这也是中部地区人口老龄化回归结果显著为负的原因。

6. 3. 2　人口老龄化时间视角下住房需求异质性分析

加入交互项后，为使模型核心解释变量更具可比性，本部分把人口老龄化和人口老龄化时间差异均做了中心化处理。由表 6. 4 交互项回归结果可知，所有模型均通过了 *AR*（1）、*AR*（2）和 *Sargan* 检验，表明模型扰动项无自相关，且工具变量设定合理，可以进行系统 GMM 分析。根据 *AR*（1）、*AR*（2）和 *Sargan* 的相关检验结果，设定被解释变量的最大滞后期为 3。在进入人口老龄化时间差异调节变量后，*Unit* 和 *Area* 的滞后期均通过了显著性水平检验，且为正。这表明在考虑了进入人口老龄化社会早晚因素后，住房需求的动态性仍然十分显著，动态面板模型设定合理。

本部分关注的是人口老龄化对住房需求的影响是否存在时间差异性，系统 GMM 的回归结果显示，核心被解释变量 *OADR* 对 *Unit* 和 *Area* 的影响都显著为负，且分别通过了 5%和 1%的显著性水平检验。在考虑了人口老龄化时间差异后，人口老龄化对住房需求的影响和前文动态面板模型回归的结果相似，都对住房需求产生了抑制作用。根据式（6. 2），人口老龄化对住房需求的边际效应会受到交互项系数和人口老龄化时间差异的影响。

由于交互项系数均为正，且通过了1%的显著性水平检验。这表示，早进入人口老龄化社会的地区，*OADR* 对 *Unit* 的边际影响为 0.0437，对 *Area* 的边际影响为 0.0307；晚进入人口老龄化社会的地区，*OADR* 对 *Unit* 的边际影响为-0.0137，对 *Area* 的边际影响为-0.0263。这意味着早进入人口老龄化社会的地区，人口老龄化对住房需求的抑制作用会弱于晚进入人口老龄化社会的地区，影响趋势甚至发生了变化。之所以先进入人口老龄化社会的地区，人口老龄化对住房需求的抑制作用会弱于晚进入人口老龄化的地区，主要是由于这些地区经济的快速发展所带来的人口“虹吸效应”熨平了人口老龄化的负面效应。我们发现 1999 年进入人口老龄化社会的地区多数处于人口比较稠密、经济较发达的东部和中部地区。经济的快速发展将吸引大批外来务工人员，从而在一定程度上增加该地区的住房需求，熨平人口老龄化对住房需求的抑制作用。而晚进入人口老龄化的其他省份地处西部地区，人口相对较稀疏，再加上流动人口的净流出问题，因此人口老龄化对住房需求的负向边际效应会更强一些。这也说明人口老龄化对住房销售套数和住房销售面积的影响存在时间差异。

表 6.4 控制变量回归结果，家户规模对 *Unit* 和 *Area* 的回归结果均未通过显著性水平检验。人均 *GDP* 对 *Unit* 的回归系数为正，且通过了 5%的显著性水平检验，但对 *Area* 的回归结果未通过显著性水平检验。这表明一个地区人均 *GDP* 水平的提高会使该地区的住房在量上逐步增加。但住房面积属于质上的提升，以及住房供给量和住房销售价格持续走高，导致人们对住房面积的提升望而却步，因此人均 *GDP* 对住房销售面积的回归结果不显著。

6.3.3 人口老龄化速度视角下住房需求异质性分析

为使加入交互项后，模型核心解释变量具有可比性，本部分同样把人口老龄化和人口老龄化速度差异均做了中心化处理。由表 6.4 交互项回归结果可知，所有模型均通过了 *AR*（1）、*AR*（2）和 *Sargan* 检验，表明模型扰动项无自相关，且工具变量设定合理，可以进行系统 GMM 分析。并且根据 *AR*（1）、*AR*（2）和 *Sargan* 的相关检验结果，设定被解释变量的最大滞后期为 3。在加入进入人口老龄化速度差异调节变量后，*Unit* 和 *Area* 的滞后期均通过了显著性水平检验，且为正。这表明在考虑了人口老龄化速度差异因素后，住房需求的动态性仍然十分显著，动态面板模型设定合理。

表 6.4　异质性回归结果（二）

变量	M. 7	M. 8	M. 9	M. 10	M. 11	M. 12
	Agetime		*Oldspeed*		*Public*	
	Unit	*Area*	*Unit*	*Area*	*Unit*	*Area*
L. Unit	0. 621*** (13. 47)	—	0. 364*** (9. 10)	—	0. 673*** (10. 84)	—
L. Area	—	0. 302*** (6. 90)	—	0. 364*** (9. 10)	—	0. 388*** (6. 43)
OADR	−0. 017** (−2. 74)	−0. 026** (−5. 33)	−0. 014*** (−3. 00)	−0. 008** (−2. 11)	−0. 008** (−2. 37)	−0. 012*** (−3. 97)
Agetime	0. 765*** (7. 29)	0. 812*** (6. 82)	—	—	—	—
OADR×Agetime	0. 060*** (5. 36)	0. 057*** (5. 46)	—	—	—	—
Oldspeed	—	—	−0. 538*** (−4. 77)	−0. 559*** (−5. 34)	—	—
OADR×Oldspeed	—	—	−0. 042*** (−3. 59)	−0. 048*** (−4. 55)	—	—
Traffic	—	—	—	—	0. 960*** (5. 13)	0. 749*** (4. 22)
OADR×Traffic	—	—	—	—	0. 056*** (5. 52)	0. 066*** (6. 81)
Unem	−0. 018 (−0. 79)	−0. 019 (−1. 35)	0. 062** (2. 35)	0. 017 (0. 77)	−0. 015 (−0. 49)	0. 009 (0. 44)
Urban	−0. 037*** (−8. 21)	−0. 044*** (−9. 22)	−0. 036*** (−8. 99)	−0. 035*** (−13. 46)	−0. 049*** (−7. 26)	−0. 046*** (−9. 02)
Famsize	0. 125 (1. 58)	0. 040 (0. 39)	−0. 197 (−1. 36)	−0. 366*** (−2. 65)	0. 204 (1. 26)	−0. 079 (−0. 89)
GDP	0. 347*** (3. 69)	0. 010 (0. 08)	0. 010 (0. 08)	−0. 082 (−0. 71)	0. 340** (2. 47)	0. 002 (0. 02)
Rate	−0. 106*** (−16. 24)	−0. 114*** (−12. 49)	−0. 087*** (−8. 86)	−0. 106*** (−9. 68)	−0. 105*** (−18. 28)	−0. 100*** (−8. 63)

续表

变量	M. 7	M. 8	M. 9	M. 10	M. 11	M. 12
	Agetime		*Oldspeed*		*Public*	
	Unit	*Area*	*Unit*	*Area*	*Unit*	*Area*
Price	0. 182***	0. 437***	0. 273***	0. 281***	0. 277***	0. 415***
	(2. 73)	(3. 93)	(4. 01)	(5. 26)	(4. 80)	(8. 02)
Cons.	2. 199***	0. 944	1. 705**	2. 117***	1. 439**	0. 683
	(4. 83)	(1. 38)	(2. 33)	(3. 01)	(2. 54)	(0. 89)
Sargan 检验	0. 8447	0. 5501	0. 5919	0. 5917	0. 9842	0. 5631
AR（1）	0. 0001	0. 1444	0. 0521	0. 0209	0. 0000	0. 0617
AR（2）	0. 3662	0. 1813	0. 9076	0. 7824	0. 3860	0. 7787
样本数	420	360	360	360	420	360

注：*** 表示 p<0. 01，** 表示 p<0. 05，* 表示 p<0. 1。

表 6. 4 列出了人口老龄化速度差异对住房需求影响的系统 GMM 模型回归结果。本部分关注的是人口老龄化对住房需求的影响是否存在速度差异性，系统 GMM 的回归结果均显示，核心被解释变量 *OADR* 对 *Unit* 和 *Area* 的影响都显著为负，且通过了 5%的显著性水平检验。在考虑了人口老龄化速度差异问题后，人口老龄化对住房需求的影响和前文动态面板模型回归的结果相似，都对住房需求产生了抑制作用。根据式（6. 2），人口老龄化对住房需求的边际效应会受到交互项系数和人口老龄化速度差异的影响。由于交互项系数均为负，且通过了 1%的显著性水平检验。这表示，人口老龄化速度快的地区，*OADR* 对 *Unit* 的边际影响为-0. 0563，对 *Area* 的边际影响为-0. 0561；人口老龄化速度慢的地区，*OADR* 对 *Unit* 的边际影响为-0. 0143，对 *Area* 的边际影响为-0. 0081。这意味着人口老龄化速度快的地区，人口老龄化对住房需求的抑制作用会强于人口老龄化速度慢的地区。综合表 6. 2 来看，人口老龄化速度快的地区包括河北、内蒙古、辽宁、吉林、黑龙江、安徽、山东、湖北、湖南、重庆、四川、贵州、甘肃、宁夏和新疆，这些地区大多处于中部、西部地区。这些地区人口老龄化速度发展快的原因之一有可能与人口迁移有关，人口的净流出导致劳动力人口减少，从而加剧该地区老年抚养比的负担程度，加大人口老龄化对住房需求的负面效应。

综上所述，人口老龄化对住房需求的影响的确受到人口老龄化时间和速度差异的影响。并且可以发现，先进入人口老龄化社会的地区并不完全等同于人口老龄化速度快的地区；晚进入人口老龄化社会的地区也不等同于人口老龄化速度慢的地区。1999 年，河北、内蒙古、黑龙江、贵州、甘肃、宁夏和新疆的人口老龄化程度并没有达到人口老龄化社会的标准。但把 1999—2019 年全国 30 个省份按照速度快慢进行划分时发现这些省份跨进了人口老龄化快速组。反而，北京、天津、上海、江苏、浙江、福建、江西、河南、广东、广西、海南、云南、陕西、青海到 2019 年，早进入人口老龄化的地区中，上海、辽宁、山东、四川、重庆、江苏和浙江老年人口系数已经超过了 14%，达到重度人口老龄化水平。从影响效应来看，人口老龄化的速度差异将加速人口老龄化对住房需求的抑制作用，而人口老龄化的时间差异则会削弱人口老龄化对住房需求的抑制作用。

6.3.4　公共服务供给视角下住房需求异质性分析

表 6.4 中 M. 11、M. 12 回归结果显示，所有模型均通过了 *AR*（1）、*AR*（2）和 *Sargan* 检验，表明模型扰动项无二阶以上自相关，且工具变量设定合理，可以进行系统 GMM 分析。并且根据 *AR*（1）、*AR*（2）和 *Sargan* 的相关检验结果，设定被解释变量的最大滞后期为 3。在考虑公共服务供给差异后，*Unit* 和 *Area* 的滞后期均通过了显著性水平检验，且为正。这表明在考虑了公共服务供给差异因素后，住房需求的动态性仍然十分显著，动态面板模型设定合理。

从表 6.4 中 M. 11、M. 12 的回归结果可知，本书的核心解释变量人口老龄化分别通过了 5%和 1%的显著性水平检验，且回归系数和主回归模型一致，也为负；*OADR* 和 *Public* 的交互项系数为正，且均通过了 1%的显著性水平检验。结合式（6. 2），人口老龄化对住房需求的边际效应会受到交互项系数和公共服务供给差异的影响。这表示，公共服务供给水平高的地区，*OADR* 对 *Unit* 的边际影响为 0. 0476，*OADR* 对 *Area* 的边际影响为 0. 0539；人口净流出地区，*OADR* 对 *Unit* 的边际影响为－0. 0084，*OADR* 对 *Area* 的边际影响为－0. 0121。考虑公共服务供给差异交互项的回归结果表明，*Public* 和 *Area* 的影响存在公共服务供给差异。究其原因，在于公共服务供给水平高的地区交通运输水平较发达，会吸引很多的流动人口进入该地区，从而扩大该地区的劳动力供给规模，熨平人口老龄化的劳动力供给衰减效应，增加该地区的住房需求。而公共服务供给水平低的地区，由于交通运输能力较差，基于“用脚投票”的原则，会导致很多人才流失，导致该地区劳动力供给减少，从而加大人口老龄化对住房需求的消极影响。

6.4 空间效应分析

6.4.1 空间自相关检验结果及分析

为进一步检验住房需求的空间自相关性，根据本书选取的样本时间跨度，按照前文思路本部分采用 Stata 15 软件，按照式（6.3）采用地理距离空间权重矩阵计算得出 2005—2019 年住房销售套数和住房销售面积的空间 *Moran's I* 指数（见表 6.5）。

表 6.5 住房需求空间自相关检验结果

年份	*Unit*			*Area*		
	Moran's I	P 值	*z* 得分	*Moran's I*	P 值	*z* 得分
2005	0.062	0.004	2.908	0.076	0.001	3.352
2006	0.060	0.004	2.894	0.063	0.003	2.960
2007	0.061	0.004	2.899	0.069	0.002	3.131
2008	0.040	0.024	2.264	0.046	0.014	2.450
2009	0.055	0.007	2.720	0.063	0.003	2.950
2010	0.025	0.071	1.808	0.025	0.075	1.783
2011	0.014	0.149	1.442	0.010	0.188	1.316
2012	0.029	0.054	1.926	0.026	0.065	1.843
2013	0.036	0.034	2.118	0.036	0.036	2.092
2014	0.039	0.028	2.202	0.039	0.030	2.175
2015	0.055	0.007	2.674	0.057	0.007	2.713
2016	0.065	0.003	2.957	0.065	0.003	2.965
2017	0.082	0.001	3.436	0.076	0.001	3.258
2018	0.088	0.000	3.598	0.081	0.001	3.407
2019	0.068	0.004	3.013	0.063	0.004	2.859

如表 6.5 所示，住房销售套数和住房销售面积的 *Moran's I* 指数除 2011 年外在大多数年份均显著为正，表明住房销售套数和住房销售面积存在正空间自相关，二者在全局空间范围内有空间相关性。而 2011 年住房需求市场的 *Moran's I* 之所以不显著，是因为有可能与 2010 年国务院出台的“新国

十条”有密切关系。“新国十条”的实施可能影响了 2011 年房地产市场的住房销售套数和住房销售面积，也使住房需求市场的空间聚集情况发生了很大波动。同时，二者的空间 *Moran's I* 指数呈现总体上升的趋势，表明住房销售套数和住房销售面积的空间集聚效应越来越强，区域间住房需求的差距正在逐步缩小。因此，本部分采用空间计量模型分析人口老龄化对住房需求的空间溢出效应是合理的。

6.4.2　空间杜宾动态面板模型回归结果及分析

为验证人口老龄化对住房需求影响的时空动态效应，本部分按照前文模型构建研究思路，首先运用 MLE 估计对静态空间杜宾模型的回归结果进行分析，其次通过 MLE 估计和系统 GMM 估计来对比分析动态空间杜宾模型的回归结果，最终验证动态空间杜宾模型设定的正确性，综合分析人口老龄化对住房需求的时空动态效应。

（1）静态空间杜宾面板模型回归结果及分析

按照前文的研究设计，本书选择空间杜宾面板模型作为研究起点。为检验空间杜宾模型的稳定性，本部分分别对模型进行了 Wald 检验和 LR 检验。由表 6.6 可知，所有 SDM 模型都未退化为 SAR 模型或 SEM 模型，表明选择 SDM 模型是合理的。*OADR* 对 *Unit* 的 Hausman 检验值为负，原因在于所设立随机效应模型渐进性的基本假设无法满足。按照连玉君（2014）的研究结论，当 Hausman 检验值为负时，应该选择固定效应模型。*OADR* 对 *Area* 的 Hausman 检验值能够正常输出结果，P 值为 0，强烈拒绝随机效应模型更优的原假设，认为应该选择固定效应模型。LR 检验的结果显示，所有模型均选择了时间和个体双固定效应模型。因此，静态空间计量面板模型最终选择具有时间和个体双固定效应的静态空间杜宾面板模型。

表 6.6　空间杜宾面板模型检验结果

统计量	*Unit*	*Area*
LR（SAR）	46.44***	39.84***
LR（SEM）	51.69***	42.92***
Wald（SAR）	47.98**	41.13***
Wald（SEM）	49.07**	41.81***

续表

统计量	*Unit*	*Area*
LR (TIME) LR (IND)	822.92*** 38.68***	839.44*** 31.78***
Hausman Test	-301.95***	672.79***

注：***表示 p<0.01，**表示 p<0.05，*表示 p<0.1。

静态空间杜宾面板模型的估计方法一般选择 MLE（极大似然）估计。为进行对比研究，表 6.7 列出了采用 MLE 估计方法得出的 *OADR* 对 *Unit* 和 *Area* 的随机效应和固定效应静态空间杜宾面板模型回归结果。从表 6.7 回归结果来看，4 个模型的 R^2 和 Log-*likelihood* 值都较低，表明模型拟合程度不佳，高度怀疑模型设定有误。从模型和核心解释变量的回归结果来看，*OADR* 的主回归系数和来自周边区域的空间滞后项也均未通过显著性水平检验。控制变量的空间滞后项仅有城镇登记失业率和城镇化水平通过了显著性水平检验，因此在表 6.7 中只列出回归结果显著的控制变量空间滞后项。M.14 和 M.16 中被解释变量的空间滞后项系数 ρ 在 1%的显著性水平下显著为正，表明被解释变量 *Unit* 和 *Area* 对自身具有正向的空间溢出效应。

表 6.7　静态空间杜宾模型回归结果

变量	M.13	M.14	M.15	M.16
	Unit	*Unit*	*Area*	*Area*
	RE	FE	RE	FE
OADR	-0.003 (-0.25)	-0.003 (-0.35)	0.006 (0.58)	0.005 (0.57)
Unem	-0.094** (-2.29)	-0.096** (-2.25)	-0.086** (-2.19)	-0.081** (-1.96)
Urban	0.020*** (3.49)	0.025*** (4.33)	0.026*** (4.70)	0.029*** (5.41)
Famsize	0.261 (0.99)	0.307 (0.99)	0.152 (0.60)	0.292 (0.98)
GDP	1.244*** (6.53)	1.256*** (5.83)	1.161*** (6.42)	1.180*** (5.71)
Rate	-0.068*** (-2.84)	-1.740*** (-3.35)	-0.073*** (-3.10)	-1.877*** (-3.76)

续表

变量	M. 13	M. 14	M. 15	M. 16
	Unit	*Unit*	*Area*	*Area*
	RE	FE	RE	FE
Price	−0.050 (−0.65)	0.032 (0.33)	−0.129* (−1.71)	−0.102 (−1.08)
W. OADR	−0.019 (−1.03)	−0.058 (−0.98)	−0.021 (−1.20)	−0.048 (−0.84)
W. Unem	−0.446** (−2.35)	−0.958*** (−2.73)	−0.505*** (−2.75)	−0.901*** (−2.68)
W. Urban	−0.114*** (−6.91)	−0.101*** (−3.51)	−0.114*** (−7.23)	−0.105*** (−3.77)
ρ	0.606*** (7.83)	0.474*** (4.16)	0.617*** (8.00)	0.472*** (4.12)
R^2	0.0823	0.0941	0.0621	0.0832
AIC	153.33	−79.40	122.83	−116.41
Log-*likelihood*	−62.66	51.70	−47.41	70.20
样本数	450	450	450	450

注：*** 表示 $p<0.01$，** 表示 $p<0.05$，* 表示 $p<0.1$；MLE 模型括号内为 z 值。

虽然 MLE 估计是最常用的空间计量面板模型估计方法，但 MLE 估计要求数据具备同方差。Lin 和 Lee（2005）、赵放（2012）都认为，MLE 估计由于同方差假定会导致估计值不具有渐进有效性。而在本书的研究中，全国 30 个省份的住房需求具有很明显的异质性，很难满足同方差的原假设。如果模型存在异方差的情况，采用 MLE 估计就会导致估计量不一致，因此需要进一步考虑选择其他估计方法进行分析。

（2）动态空间杜宾面板模型回归结果及分析

由于无法解决异方差和可能存在的内生性问题，怀疑采用 MLE 估计的静态空间杜宾面板模型估计结果不一致。鉴于住房需求动态性的特征，需要进一步考虑加入被解释变量住房需求的滞后期来考察人口老龄化对住房需求的时空动态效应。为解决异方差问题和模型可能存在的内生性问题，Kelejian 和 Prucha（1998，1999，2004，2009）提出采用系统 GMM 方法使用工具变量来估计空间计量模型。Lee（2001）已经证实 GMM 估计的矩条件有一个最优 GMM 估计量，GMM 估计和 MLE 估计在同方差的情况下一样渐进有效，且 GMM 估计量比 MLE 估计量小。因此，本部分主要对系统 GMM 估计的动态空间杜宾面板模型回归结果进行分析。

为进行对比分析，表 6.8 中 M.17 和 M.19 也列出了采用 MLE 估计的动态空间杜宾模型回归结果。用 MLE 估计空间计量模型可以分别汇报时间滞后、空间滞后和时空双滞后三种模型。此三种模型选择依据主要是根据赤池信息准则（AIC）最小原则来确定，通过比较发现采用 MLE 估计的 *OADR* 对 *Unit* 和 *Area* 的动态空间杜宾面板模型均选择了时间滞后模型。限于篇幅的规定，MLE 估计的回归结果，表 6.8 只汇报了 AIC 值最优原则选择的时间滞后模型回归结果。由表 6.8 可知，MLE 估计得出的 M.17 和 M.19 的回归结果，*Unit* 和 *Area* 的时间滞后项均在 1%的显著性水平检验下显著为正，与第 5 章的回归结果一致，表明 *Unit* 和 *Area* 具有正向的时间联动效应。空间滞后项系数 ρ 均通过了 1%的显著性水平检验，表明 *Unit* 和 *Area* 具有显著的空间滞后效应。但只有 M.17 核心解释变量 *OADR* 的主回归系数通过了 10%的显著性水平检验，其余模型核心解释变量的主回归系数和来自周边区域核心解释变量的系数均未通过显著性水平检验。原因可能在于 MLE 估计同方差的假定要求，导致模型估计不一致。

表 6.8 中 M.18 和 M.20 为采用系统 GMM 估计人口老龄化影响住房需求的动态空间杜宾模型回归结果。从系统 GMM 的回归结果可知，相比于 MLE 估计回归结果，系统 GMM 估计回归结果的 R^2 和 Log-*likelihood* 值更高，表明模型拟合程度较好，采用系统 GMM 估计结果更优。由于系统 GMM 动态空间杜宾面板模型仅汇报时间滞后效应，因此表中未显示空间滞后效应。回归结果显示，*Unit* 和 *Area* 的滞后一期都显著且为正，表明 *Unit* 和 *Area* 存在显著的时间动态效应，与 MLE 回归结果一致。本书的核心解释变量 *OADR* 的主回归系数不显著，可能是由于模型设定中加入了空间因素的影响。空间杜宾模型的主回归系数并不能全面反映模型的回归结果，因此需要重点关注来自周边区域的解释变量对被解释变量的影响。M.18 和 M.20 周边区域 *OADR* 的回归系数均为负，且分别通过了 5%和 1%的显著性水平检验，表明周边区域人口老龄化对本地区住房销售套数和住房销售面积都具有显著的负向空间溢出效应。究其原因，在于周边区域老年人口数量增加不利于区域间人才集聚，社会养老负担的加重会导致区域人才集聚能力减弱，导致劳动力供给减少，人才净流出严重，住房刚需也会随之被削弱。

从表 6.8 控制变量系统 GMM 的主回归结果可以发现，M.18 除城镇登记失业率未通过显著性检验外，其余控制变量主回归系数均通过了显著性水平检验；M. 20 除房价未通过显著性检验外，其余控制变量的主回归系数均通过了显著性水平检验。究其原因，M. 18 城镇登记失业率对 *Unit* 的主回归系数不显著，可能是由于考虑空间因素后，城镇失业问题会由于人口迁移而导致产生季节性、周期性和区域性波动，从而导致城镇住房需求的波动，而本书采用的数据是年度数据，无法精确识别季节性、周期性和区域性失业问题，使得城镇登记失业率的回归结果不显著。房价对于 *Area* 的回归结果不显著，主要是由于我国的房价波动已经超出了一般市场需求规律，住房定位已经发生扭曲。其余控制变量的主回归系数与前文分析符号相符，且通过了显著性水平检验。从周边区域控制变量的回归结果来看，除周边区域人均 *GDP* 的回归结果不显著外，其余变量均通过了显著性水平检验。周边区域人均 *GDP* 的回归结果不显著表明周边区域的人均 *GDP* 对本区域的 *Unit* 和 *Area* 不会产生空间溢出效应。原因在于，周边区域的经济发展水平还未形成区域经济带，距离相近的区域间经济发展的传帮带作用还未完全形成，甚至还出现了环首都贫困带，导致人口净流出问题严重。本书根据《中国统计年鉴》数据计算，河北 2005—2019 年年均人口净流出达到 192 万人，因此人均 *GDP* 对住房需求的回归结果不显著。

表 6.8　动态空间杜宾模型回归结果

变量	M. 17	M. 18	M. 19	M. 20
	Unit	*Unit*	*Area*	*Area*
	MLE	系统 GMM	MLE	系统 GMM
	时间滞后		时间滞后	
L. ln*HU*	0. 893***	0. 802***	—	—
	(28. 52)	(24. 27)		
L. ln*Area*	—	—	0. 967***	0. 814***
			(29. 75)	(25. 39)
OADR	−0. 011*	0. 007	−0. 006	0. 005
	(−1. 73)	(0. 80)	(−0. 94)	(0. 54)
Unem	0. 051*	−0. 049	0. 086***	−0. 083**
	(1. 75)	(−1. 26)	(2. 96)	(−2. 03)
Urban	0. 004	−. 019***	0. 009**	−0. 018***
	(1. 05)	(−4. 03)	(2. 43)	(−3. 80)
Famsize	−0. 034	−0. 715***	−0. 189	−0. 761***
	(−0. 17)	(−2. 95)	(−0. 96)	(−3. 01)

续表

变量	M. 17	M. 18	M. 19	M. 20
	Unit	*Unit*	*Area*	*Area*
	MLE 时间滞后	系统 GMM	MLE 时间滞后	系统 GMM
GDP	−0. 005 (−0. 03)	0. 466*** (3. 21)	−0. 334** (−2. 15)	0. 460*** (3. 12)
Rate	2. 019*** (5. 53)	−1. 048* (1. 96)	2. 179*** (5. 92)	−1. 257** (2. 45)
Price	−0. 022 (−0. 33)	0. 089* (1. 84)	0. 016 (0. 24)	0. 010 (0. 21)
W. OADR	0. 007 (0. 17)	−0. 041*** (−2. 80)	−. 0409 (−1. 09)	−0. 038** (−2. 51)
W. Unem	0. 274 (1. 00)	−0. 596*** (−4. 22)	2. 089*** (8. 55)	−0. 617*** (−4. 21)
W. Urban	−0. 031 (−1. 41)	−0. 102** (−5. 22)	−0. 072*** (−3. 67)	−0. 115*** (−5. 69)
W. Famsize	1. 039 (0. 72)	2. 972*** (6. 04)	7. 913*** (5. 40)	3. 376*** (6. 61)
W. GDP	1. 191 (1. 55)	−0. 239 (−0. 70)	7. 363*** (9. 64)	−0. 432 (−1. 25)
W. Rate	1. 994 (0. 54)	−1. 219** (−2. 27)	−1. 269*** (3. 38)	−1. 443*** (−2. 80)
W. Price	−0. 152 (−0. 24)	0. 710*** (3. 72)	0. 935 (1. 47)	1. 105*** (5. 54)
ρ	1. 563*** (13. 65)	—	2. 726*** (23. 26)	—
R^2	0. 2121	0. 8848	0. 2991	0. 8779
AIC	−485. 89	0. 0260	−479. 27	0. 0273
Log-*likelihood*	−6790	186. 21	−1023	176. 28
样本数	420	420	420	420

注：***表示 p<0. 01，**表示 p<0. 05，*表示 p<0. 1；MLE 模型括号内为 *z* 值，GMM 模型括号内为 *t* 值。

6.5 稳健性检验

（1）异质性影响稳健性检验

为验证模型设定的稳定性，本部分将核心解释变量替换为 *PA65*，选取全国 30 个省份 2005—2019 年省级面板数据，采用系统 GMM 估计方法构建动态空间杜宾模型进行稳健性检验。为简便分析，本书只列出核心解释变量的回归结果（见表 6.9）。具体检验结果如下：首先，对于区域差异而言，仅有中部地区 *PA65* 对 *Unit* 和 *Area* 的回归系数显著为负，其他区域 *PA65* 的回归结果不显著，表明中部地区的 *PA65* 对 *Unit* 和 *Area* 具有抑制作用。其次，对于人口老龄化时间和速度差异而言，*PA65* 对 *Unit* 和 *Area* 的回归结果均显著为负，并且 *PA65* 与 *Agetime* 和 *Oldspeed* 的交互项系数都通过了 1%的显著性水平检验，但回归结果前者为正后者为负，也与前文回归结果一致，表明进入人口老龄化社会早的地区人口老龄化对住房需求的抑制作用会弱于进入晚的地区，而人口老龄化速度快的地区对住房需求的负面影响要强于发展速度慢的地区。最后，对于公共服务供给差异而言，*PA65* 对 *Unit* 和 *Area* 的回归结果均显著为负，并且 *PA65* 与 *Public* 的交互项系数都通过了 1%的显著性水平检验，且系数为正，表明公共服务供给水平高的地区人口老龄化对住房需求的抑制作用要弱于公共服务供给水平低的地区。总之，人口老龄化对住房需求的多维异质性分析估计结果是稳健的。

（2）空间效应稳健性检验

本章空间效应的稳健性检验采用更换核心解释变量方法，仍选用反距离空间权重矩阵系统 GMM 估计动态杜宾面板模型。经过 Wald 检验、LR 检验和 Hausman 检验显示，仍选择动态空间杜宾模型进行空间计量分析。表 6.10 空间效应稳健性检验回归结果与前文分析一致，周边区域 *PA65* 对 *Unit* 和 *Area* 的回归系数均为负，且均通过了 5%的显著性水平检验，表明周边区域 *PA65* 对二者均具有显著的负向溢出效应。该稳健性检验回归结果进一步验证了前文的研究结论，表明人口老龄化对住房需求的空间效应结论是稳健、可信的。

表 6.9　住房销售套数异质性影响稳健性检验回归结果

被解释变量	核心解释变量	异质性变量 *Dif*					
		区域差异			*Agetime*	*Oldspeed*	*Public*
Unit	*PA65*	0.004 (0.47)	−0.036*** (−4.21)	0.005 (0.75)	−0.021** (−2.28)	−0.023*** (−3.15)	−0.010* (−1.65)
	Dif	0.368** (2.50)	0.492*** (2.80)	−0.645*** (−3.29)	0.754*** (7.39)	−0.491*** (−4.29)	0.931*** (5.04)
	Dif×PA65	−0.014 (−0.55)	−0.129*** (−7.62)	0.080*** (4.08)	0.068*** (3.81)	−0.069*** (−3.50)	0.082*** (4.97)
Area	*PA65*	−0.095 (−1.42)	−0.027*** (−3.47)	0.0001 (0.00)	−0.038*** (−9.00)	−0.012** (−2.03)	−0.020*** (−4.02)
	Dif	0.412*** (3.01)	0.010 (0.03)	−0.533*** (−4.47)	0.087*** (5.14)	−0.435*** (−4.71)	0.848*** (4.59)
	Dif×PA65	0.009 (0.40)	−0.113*** (−4.83)	0.070*** (3.56)	0.837*** (6.63)	−0.085*** (−5.24)	0.102*** (6.30)

注：***表示 $p<0.01$，**表示 $p<0.05$，*表示 $p<0.1$。

表 6.10　空间效应稳健性检验回归结果

变量	*Unit*		*Area*	
	主回归系数	周边区域回归系数	主回归系数	周边区域回归系数
L. Unit	0.800*** (24.37)	—	—	—
L. Area	—	—	0.809*** (25.56)	—
PA65	0.012 (0.84)	−0.059** (−2.56)	0.011 (0.76)	−0.057** (−2.39)
Unem	−0.047 (−1.20)	−0.574*** (−4.08)	−0.084** (−2.04)	−0.595*** (−4.09)
Urban	−.019*** (−3.94)	−0.107*** (−5.52)	−0.018** (−3.77)	−0.120*** (−6.00)
Famsize	−0.725*** (−2.99)	2.884*** (5.79)	−0.767*** (−3.77)	3.275*** (6.36)

续表

变量	Unit		Area	
	主回归系数	周边区域回归系数	主回归系数	周边区域回归系数
GDP	0.452*** (3.11)	−0.124 (−0.37)	0.451*** (3.06)	−0.316 (−0.93)
Rate	−1.042* (1.96)	−1.212** (−2.27)	−1.245** (2.45)	−1.429*** (−2.80)
Price	0.088* (1.81)	0.686*** (3.60)	0.009 (0.18)	1.079*** (5.41)
R^2	0.8847		0.8782	
AIC	0.0261		0.0274	
Log-*likelihood*	185.67		175.43	
样本数	420		420	

注：*** 表示 p<0.01，** 表示 p<0.05，* 表示 p<0.1。

6.6　本章小结

在区域人口老龄化“马太效应”特征研究结果的基础上，本章从区域、人口老龄化时间和速度以及公共服务供给多维角度，采用交互项分组分析方法基于全国 30 个省份 2005—2019 年的面板数据，构建动态面板模型借助系统 GMM 估计方法考察人口老龄化对住房需求的多维异质性。并在动态基准面板模型的基础上，加入空间因素构建动态空间杜宾模型探究了人口老龄化对住房需求的空间效应。具体研究结论如下：

从多维异质性影响的研究结果来看，同时还运用构建交互项的方法研究了人口老龄化对住房需求的影响是否存在区域差异、人口老龄化时间和速度差异以及公共服务供给差异。回归结果显示，住房销售套数和住房销售面积具有显著的动态性；人口老龄化对住房销售套数和住房销售面积都具有显著的抑制作用。人口老龄化对住房销售套数和住房销售面积的影响存在异质性：只有中部地区的人口老龄化会抑制住房需求；先进入人口老龄化社会的地区，人口老龄化对住房需求的抑制作用会弱于晚进入人口老龄化的地区，而人口老龄化增速快的地区，人口老龄化对住房需求的抑制作用会强于人口老龄化增速慢的地区；公共服务供给水平高的地区，人口老龄化对住房需求的抑制作用要弱于公共服务供给水平低的地区。

从空间效应的研究结果来看，周边区域人口老龄化对本地住房需求具有负向空间溢出效应。本地人口老龄化对本地住房销售套数和住房销售面积的回归结果不显著，但周边区域人口老龄化对本地区住房销售套数和住房销售面积的回归结果显著为负，表明周边区域人口老龄化对本地的住房需求会存在负向空间溢出效应。这主要是因为区域人口老龄化不利于吸引劳动力形成人才集聚圈，从而降低住房需求。

第 7 章 研究结论与展望

7.1 研究结论

本书重新定义了人口老龄化和住房需求的定位，在系统梳理人口转变、现代迁移、生命周期消费、房地产供求和空间效应等理论的基础上，借助传统统计分析、人口预测法、动态面板模型、有调节的中介效应模型和动态空间杜宾模型等方法，从中国人口老龄化变动特征和趋势预测入手，重点探讨了中国人口老龄化对住房需求的影响趋势、作用路径和分析特征，具体研究结论如下：

（1）我国人口老龄化具有“三降一频两加速”的时间变动趋势，呈现出老年人口基数大、增速快以及区域“马太效应”增强的特征

从时间维度来看，我国人口老龄化呈现出“三降一频两加速”，具体表现为：“三降”是指人口总规模、生育率和死亡率的下降；“一频”是指人口迁移的日益频繁；而“两加速”是指人口年龄结构和经济老年抚养能力的加速老龄化和增强。

从人口老龄化的特征来看，我国人口老龄化具有老年人口基数大、增速快以及区域“马太效应”增强的特征。其中，人口迁移促进区域人口年龄结构老龄化“正马太效应”，而增强了区域经济老年抚养能力“负马太效应”。

（2）中国人口老龄化未来将持续加深，对住房需求的抑制作用将愈加明显

从人口预测结果发现，未来我国人口老龄化的程度将继续加深。三种不同人口总和生育率预测方案下，2030 年前我国的人口规模将逐渐缩小，人口年龄结构将日益老龄化，劳动力人口将持续减少，并且在 2025 年前后将迎来人口老龄化的一次小高峰。并且，调整总和生育率后的方案与达到生育更替水平的方案预测结果非常接近，表明合理调整人口生育政策有利于人口增长回到均衡正常水平。基于中国人口老龄化日益加剧预测结果，运用 Mankiw 和 Weil（1989）的研究结论推测未来在老年人口日益增多、劳动力人口逐步减少的情况下，2030 年前人口老龄化对住房需求的影

响将处于加速状态。在 2025 年后，住房需求增长动力将消失。

基于中国人口老龄化对住房需求的预测趋势，构建 OLG 三期生命周期理论模型，研究发现老年人进入老年期购买住房的可能性非常低；基准模型的实证检验结果显示人口老龄化对住房需求具有抑制作用，伴随人口老龄化的加剧，人口老龄化对住房需求的抑制作用会增大。而且，人口老龄化对住房销售面积的负面影响要大于住房销售套数。可见，人口老龄化对质量型住房需求的影响比数量型住房需求强。

针对人口老龄化日益加剧的现实背景，未来要警惕人口老龄化加速所带来的负面影响，做好深度人口老龄化社会住房需求动力不足的危机应对。从政府角度来说，要继续执行紧缩的土地审批制度，防止土地过度开发造成住房市场供过于求；从房地产企业而言，要减少新增住房的开发，加快现有地产和房地产库存的养老服务升级，构建集医疗、保健、养老和娱乐于一体的全龄化社区新型住宅。

（3）人口老龄化会通过劳动供给效应和健康挤出效应影响住房需求，人口老龄化对住房需求的影响会受到人口生育和人口迁移的调节

首先，从人口老龄化对住房需求的中介效应研究结果看，我国人口老龄化会通过抑制劳动供给来减少住房需求，会由于增加健康投资来减少住房需求。其次，从调节效应的研究结果来看，人口老龄化对住房需求的负向作用会由于人口生育率的增长而被减弱，会被人口迁移所抚平。最后，从有调节的中介效应研究结果来看，人口老龄化通过劳动供给影响住房需求的中介效应会受到人口生育和人口迁移的调节，并且受调节变量的影响，人口老龄化对住房需求的直接效应不会产生作用。人口老龄化通过健康投资增加来挤出住房需求的作用也受到了人口生育和人口迁移的影响，但人口老龄化对住房需求的直接效应仍然很显著。这表明人口增长所带来的劳动力所产生的经济价值才是住房需求上涨的源泉。而健康投资的传导性，则会随着人们对健康意识的不断提升从而使得人口老龄化对住房需求的抑制作用越来越强。

为应对人口老龄化危机给住房市场带来的冲击，一是加强健康意识和健康人口老龄化的宣传和教育，有效激发老龄人口的消费潜力；二是积极引导房地产企业做好从商业地产到养老地产过渡的准备；三是政府要从人口生育、人口迁移和延迟退休等政策方面进一步加强调整和推进的力度，缓解劳动力供给不足和区域需求不均衡等问题。

（4）人口老龄化对住房需求有显著的多维异质性

从人口老龄化对住房需求异质性影响的研究结论看，我国人口老龄化

对住房需求的影响有显著的区域差异、人口老龄化时间和速度差异以及公共服务供给差异。具体研究结论为：只有中部地区的人口老龄化会抑制住房需求，东部、西部地区人口老龄化不会对住房需求产生影响；先进入人口老龄化社会的地区，人口老龄化对住房需求的抑制作用会弱于晚进入人口老龄化的地区，而人口老龄化速度快的地区，人口老龄化对住房需求的抑制作用会强于人口老龄化速度慢的地区；公共服务供给水平高的地区，人口老龄化对住房需求的抑制作用要弱于公共服务供给水平低的地区。

这表明，要尤其注意人口老龄化增速问题给住房需求带来的影响。而且，由于人口老龄化增速是一个动态过程，人口老龄化增速快慢将直接影响人口老龄化对住房需求的抑制程度。因此，应该更加关注人口老龄化增速问题，对增速快的地区及时做出人口相关政策调整和房地产政策调控措施。同时，针对多维异质性特征，对住房市场的管控要实行一省一策，逐步缩小地区间的住房需求差距。

（5）周边地区人口老龄化对住房需求具有显著的负向空间溢出效应

人口老龄化对住房需求的空间效应研究结果发现，本地人口老龄化对本地的住房需求不会产生影响，但周边区域人口老龄化对本地住房需求具有显著的负向空间溢出效应，表明在考虑空间因素后区域间的空间影响因素增加，相邻区域的人口老龄化程度加深会抑制本地的住房需求增长。可见，周边区域人口老龄化的程度对于本地住房需求也会产生影响。这表明要格外关注区域人口和住房市场的均衡发展，对于中部、西部地区而言，要以乡村振兴为本，继续加强对中部、西部地区的政策扶持，吸引更多流动人口选择在家门口就业，通过增加就业人口来提高本区域内的新增置业需求，促进中部、西部地区住房市场的发展。对于东部地区而言，要倡导流动人口在省内和区域内的人口迁移，增强东部区域内部的“造血”功能，避免中部、西部地区人口流入减少导致住房需求锐减的情况发生。

7.2　研究展望

7.2.1　深度人口老龄化背景下如何解决住房空置率过高问题

根据研究结果，未来我国人口老龄化的程度会日益加剧，即便达到人口生育更替水平下，65 岁及以上老年人口的比例在 2060 年前后也会超过 23.2%。在住房需求市场已经基本饱和的情况下，如何解决老年人口快速增加所造成的住房空置率过高问题是未来亟待解决的问题。比如，在一些三、四线的城乡地区，人口的大量迁出已经使有些地区成为留守老年人口占主要人口比例的空城。

7.2.2 深度人口老龄化社会高龄老年人的养老和居住选择问题

鉴于我国传统的养老习惯，多数老年人会选择居家养老。而随着老年人口数量的逐渐增多和劳动力人口的不断下降，届时会面临高龄老年人居家照护和服务短缺的供求失衡状况。如何从理论和政策实施角度来解决这种供求难题也成为当下亟须研究的问题。

7.2.3 人口老龄化对城市层面住房需求的影响研究

现有文献中关于人口老龄化对城市层面的住房需求的研究还不多。因此，在 2020 年第七次人口普查数据公开后，可以利用最新的人口普查数据对城市住房需求再做进一步的分析；或者采取质性研究的方法，选取典型城市作为样本，设计问卷并进行跟踪调研，从而为城市级别的房地产监管提供理论和政策依据。

7.2.4 人口老龄化背景下人口迁移的预测及其对住房需求的影响趋势研究

本书研究中发现，人口生育和人口迁移调节在人口老龄化和住房需求关系和传导路径中都有一定的调节作用。但由于各省（区、市）分年龄的人口迁移数据不够全面，使各区域人口预测及其对住房需求的影响趋势无法继续进行。如果可以解决人口迁移的具体数据问题，则可以对二者调节到何种程度能达到人口和住房市场的均衡做进一步分析。

7.2.5 人口老龄化对住房需求的双重效应研究

本书所关注的重点是人口老龄化对住房需求的负面影响，而在有文献的梳理中可以发现，也存在我国人口老龄化对住房需求影响为正的研究结果。多数文献在做结果解释时认为之所以为正的原因是我国“房改红利”和“人口红利”尚未消失殆尽，但同时还应该考虑我国代际传递，以及老年人受教育程度和收入水平提高等我国特殊国情所导致的住房改善型需求增加等问题，因此人口老龄化对住房需求的正面影响在不同的理论框架下的研究将作为本书未来的研究方向做进一步分析。

参考文献

[1] 王广州．中国人口机会窗口与人口红利再认识 [J]．中国人口科学，2021 (3)：2-16，126.

[2] 乔晓春，陈卫．中国人口老龄化：世纪末的回顾与展望 [J]．人口研究，1999 (6)：28-37.

[3] 宋健．流动人口不同归属情景下中国各地区人口老龄化形势 [J]．市场与人口分析，2006，4 (1)：38-46.

[4] 张航空．人口迁移对中国不同省份人口老龄化的影响 [J]．人口学刊，2015，37 (1)：95-102.

[5] 李兰永，刘媛．人口老龄化：特征、成因及对策研究 [J]．山东社会科学，2013 (12)：31-35.

[6] 易卫华，叶信岳，王哲野．广东省人口老龄化的时空演化及成因分析 [J]．人口与经济，2015 (3)：33-42.

[7] 梅林，郭艳花，陈妍．吉林省人口老龄化时空分异特征及成因 [J]．地理科学进展，2018，37 (3)：352-362.

[8] 胡晓宇，张从青．中国深度人口老龄化社会成因及应对策略 [J]．学术交流，2018 (12)：110-115.

[9] 吴连霞，赵媛，吴开亚，等．中国人口老龄化区域差异及驱动机制研究 [J]．地理科学，2018 (6)：877-884.

[10] 应奎，李旭东，程东亚．贵州人口老龄化空间格局演变及环境成因 [J]．长江流域资源与环境，2020，29 (2)：334-345.

[11] 赵忠，侯振刚．我国城镇居民的健康需求与 Grossman 模型——来自截面数据的证据 [J]．经济研究，2005 (10)：79-90.

[12] 邬沧萍．漫谈人口老化 [M]．沈阳：辽宁人民出版社，1987.

[13] 邬沧萍，王琳，苗瑞凤．中国特色的人口老龄化过程、前景和对策 [J]．人口研究，2004 (1)：8-15.

[14] 王德文，蔡昉，张学辉．人口转变的储蓄效应和增长效应——论中国增长可持续性的人口因素 [J]．人口研究，2004 (5)：2-11.

[15] 蔡昉，王美艳．“未富先老”与劳动力短缺［J］．开放导报，2006（1）：31-39.

[16] 马忠东，吕智浩，叶孔嘉．劳动参与率与劳动力增长：1982—2050年［J］．中国人口科学，2010（1）：11-27，111.

[17] 王莹莹，童玉芬．中国人口老龄化对劳动参与率的影响［J］．首都经济贸易大学学报，2015，17（1）：61-67.

[18] 王金营，戈艳霞．全面二孩政策实施下的中国人口发展态势［J］．人口研究，2016，40（6）：3-21.

[19] 周祝平，刘海斌．人口老龄化对劳动力参与率的影响［J］．人口研究，2016，40（3）：58-70.

[20] 林宝．人口负增长与劳动就业的关系［J］．人口研究，2020，44（3）：21-37.

[21] 吕娜．健康人力资本与经济增长——基于私人与公共健康投资的内生增长模型和实证分析［D］．武汉大学，2011.

[22] 骆永民．公共卫生支出、健康人力资本与经济增长［J］．南方经济，2011，29（4）：3-15.

[23] 唐力翔，黄小平，刘珊．健康投资的经济增长效应区域差异研究［J］．统计与决策，2015（19）：129-133.

[24] 顾雪兰，刘诚洁．健康投资与健康经济增长的双重效应［J］．上海财经大学学报（哲学社会科学版），2017，19（3）：22-30，108.

[25] 王弟海，李夏伟，黄亮．健康投资如何影响经济增长：来自跨国面板数据的研究［J］．经济科学，2019，229（1）：5-17.

[26] 张鸿琴，王拉娣．人口老龄化、健康投资与产业结构升级——基于1999—2018年省级面板数据的实证分析［J］．经济问题，2020（10）：72-81.

[27] 郑伟，林山君，陈凯．中国人口老龄化的特征趋势及对经济增长的潜在影响［J］．数量经济技术经济研究，2014，31（8）：3-20，38.

[28] 翟振武，陈佳鞠，李龙．2015—2100年中国人口与人口老龄化变动趋势［J］．人口研究，2017，41（4）：60-71.

[29] 都阳，封永刚．人口快速老龄化对经济增长的冲击［J］．经济研究，2021，56（2）：71-88.

[30] 李艳双，于树江．不同类别住宅需求比例研究［A］//中国优选法统筹法与经济数学研究会．2004年中国管理科学学术会议论文集

[C]. 中国优选法统筹法与经济数学研究会，2004-04.

[31] 哈继铭. 中国经济未老先富——中国经济中长期展望 [J]. 国际经济评论，2007 (1)：30-32.

[32] 杨霞，徐邓耀. 城市发展中人口结构变化与住房需求的研究 [J]. 开发研究，2011 (2)：84-87.

[33] 丁洋，郑江淮. 我国人口老龄化会减少住房需求吗？[J]. 我国软科学，2018 (2)：68-77.

[34] 邓宏乾，黄冠，徐升. 人口结构变动对住房需求的影响——基于2002—2016年省际面板数据的实证分析 [J]. 华中师范大学学报（人文社会科学版），2019，58 (3)：51-59.

[35] 朱琳琳，李秀婷，董纪昌. 基于CGE的人口老龄化对我国城市住宅需求影响的研究 [J]. 系统科学与数学，2016，36 (1)：61-74.

[36] 朱琳琳，董纪昌，张辉，等. 人口老龄化对我国住房需求的影响研究 [J]. 系统科学与数学，2019，39 (9)：1378-1401.

[37] 邓宏乾，张雪. 人口结构对住房价格的影响——基于抚养负担与流动人口两个维度 [J]. 江汉论坛，2021 (2)：12-20.

[38] 陈斌开，徐帆，谭力. 人口结构转变与中国住房需求：1999—2025——基于人口普查数据的微观实证研究 [J]. 金融研究，2012 (1)：129-140.

[39] 陈彦斌，陈小亮. 人口老龄化对我国城镇住房需求的影响 [J]. 经济理论与经济管理，2013 (5)：45-58.

[40] 陈澎. 人口年龄结构对住宅需求的影响分析 [D]. 南京大学，2013.

[41] 李超，倪鹏飞，万海远. 我国住房需求持续高涨之谜：基于人口结构视角 [J]. 经济研究，2015，50 (5)：118-133.

[42] 徐建炜，徐奇渊，何帆. 房价上涨背后的人口结构因素：国际经验与我国证据 [J]. 世界经济，2012，35 (1)：24-42.

[43] 胡明志，农汇福，陈杰. 我国人口老龄化与房价关系再检验：基于房改红利视角的研究 [J]. 华东师范大学学报（哲学社会科学版），2017，49 (3)：132-144，175.

[44] 周建军，马雪晴，贾丽娜. 人口老龄化、房价与住房空置率的影响研究 [J]. 湖南大学学报（社会科学版），2020，34 (3)：78-87.

[45] 王盛，黄芝兰，白雨晨. 产业结构、外来人口结构与房地产价格

的关系［J］. 华东师范大学学报（哲学社会科学版），2017，49（1）：139-145，176.

［46］周建军，孙倩倩，鞠方．产业结构变迁对房价的时空动态效应研究——基于人口老龄化背景的实证分析［J］. 管理科学学报，2020，23（3）：41-64.

［47］刘志平，陈智平．城市住房价格的空间相关性、影响因素与传递效应——基于区域市场关系层面的实证研究［J］. 上海财经大学学报，2013，15（5）：81-88.

［48］朱琳琳，李秀婷，董纪昌．人口老龄化背景下住房需求影响因素研究——基于人口结构、房价等因素的分析［J］. 价格理论与实践，2019（6）：95-98.

［49］赵放，董丽，项卫星．人口老龄化背景下我国房价与产业结构升级之间的空间溢出关系［J］. 吉林大学社会科学学报，2020，60（3）：106-116，237.

［50］罗安邦．住房需求与经济基本面——基于购房者风险偏好视角的研究［J］. 南方经济，2014（3）：81-97.

［51］张所地，范新英．基于面板分位数回归模型的收入、利率对房价的影响关系研究［J］. 数理统计与管理，2015，34（6）：1057-1065.

［52］李春风，卫国，刘建江．有限理性、收入差距与房地产价格泡沫研究［J］. 现代财经（天津财经大学学报），2019，39（1）：16-28.

［53］李春风，成倩，刘建江．收入差距与房地产价格泡沫：基于门槛效应研究［J］. 财经理论与实践，2020，41（2）：92-99.

［54］张浩，陈立文．房价、收入与住房负担能力关系实证研究［J］. 价格月刊，2019（3）：25-31.

［55］陆铭，欧海军，陈斌开．理性还是泡沫：对城市化、移民和房价的经验研究［J］. 世界经济，2014，37（1）：30-54.

［56］邹瑾，娄著盛．人口老龄化、人口迁移与地区房价差异——基于不同层级城市面板数据的研究［J］. 经济经纬，2018，35（6）：22-29.

［57］林李月，朱宇，柯文前．城镇化中后期中国人口迁移流动形式的转变及政策应对［J］. 地理科学进展，2020，39（12）：2054-2067.

［58］李鹏博，田丽君，黄文彬．基于系统动力学的人口迁移重力模型改进及实证检验［J］. 系统工程理论与实践，2021，41（7）：1722-1731.

［59］况伟大．利率对房价的影响［J］. 世界经济，2010，33（4）：

134-145.

［60］曾国安，胡钢剑．中国货币政策对商品住房需求量影响的理论分析及实证检验［J］．经济与管理评论，2018，34（1）：108-117.

［61］胡洪曙．财产税、地方公共支出与房产价值的关联分析［J］．当代财经，2007（6）：23-27.

［62］周京奎，吴晓燕．公共投资规模、居民支付意愿与住宅价格走势——基于中国30个省份截面数据的实证检验［J］．财贸研究，2008，19（6）：53-61.

［63］范新英，张所地．公共服务供给与房价关系的非线性门限效应［J］．软科学，2015，29（6）：37-41.

［64］陈淑云，唐将伟．公共服务供给不均等加剧了国内房价分化吗——基于我国286个地级及以上城市面板数据的实证［J］．经济体制改革，2017（4）：181-187.

［65］洪俊杰，倪超军．城市公共服务供给质量与农民工定居选址行为［J］．中国人口科学，2020（6）：54-65，127.

［66］B. Pichat. 人口老龄化及其社会经济后果［R］．联合国，1957.

［67］瑶琳．人口年龄中位数［J］．人口研究，1983（5）：58-59.

［68］陈友华．人口红利与人口负债：数量界定、经验观察与理论思考［J］．人口研究，2005（6）：23-29.

［69］赵东霞．人口老龄化与养老资源配置［M］．北京：科学出版社，2018.

［70］覃肖响，李智，颜涛．住房供给应优先满足基本型和改善型需求［J］．中国房地产，2007（7）：25-26.

［71］丹尼斯·J. 麦肯泽，理查德·M. 贝茨．不动产经济学［M］．北京：中国人民大学出版社，2009.

［72］马尔萨斯．人口原理［M］．朱泱译．北京：商务印书馆，1992.

［73］田雪原．20世纪人口科学发展一瞥［J］．人口与经济，1996（5）：3-6.

［74］梅耶，定扬．人口研究的发展［J］．现代外国哲学社会科学文摘，1963（2）：8-17.

［75］高鸿业．西方经济学：宏观部分［M］．北京：中国人民大学出版社，2007.

［76］胡建团．创新集聚的空间效应研究［D］．中国地质大学，2018.

[77] 何雄浪．新经济地理学新发展 [M]．北京：经济科学出版社，2014.

[78] 安虎森．新经济地理学原理 [M]．北京：经济科学出版社，2009.

[79] 叶阿忠，吴继贵，陈生明．空间计量经济学 [M]．厦门：厦门大学出版社，2015.

[80] 李新忠，汪同三．空间计量经济学的理论与实践 [M]．北京：社会科学文献出版社，2015.

[81] 汤国安，杨昕．ArcGIS 地理信息系统空间分析实验教程 [M]．北京：科学出版社，2012.

[82] 王广州．人口预测方法与应用 [M]．北京：社会科学文献出版社，2018.

[83] 杨华磊，温兴春，何凌云．出生高峰、人口结构与住房市场 [J]．人口研究，2015，39（3）：87-99.

[84] 胡湛，彭希哲．家庭变迁背景下的我国家庭政策 [J]．人口研究，2012，36（2）：3-10.

[85] 江克忠，裴育，邓继光，等．亲子共同居住可以改善老年家庭的福利水平吗——基于 CHARLS 数据的证据 [J]．劳动经济研究，2014，2（2）：134-152.

[86] 张帅，王雪青，刘炳胜，等．开发时滞在房价上涨中的中介效应研究 [J]．系统工程理论与实践，2019，39（1）：70-88.

[87] 张鸿琴．拓宽养老产业发展的现实路径 [N]．经济日报，2020-10-28（11）.

[88] 郝枫，张圆．“健康中国”视域下我国居民健康资本测度 [J]．人口与经济，2019（1）：14-30.

[89] 温忠麟，叶宝娟．有调节的中介模型检验方法：竞争还是替补？[J]．心理学报，2014，46（5）：714-726.

[90] 安勇．财政分权对我国城市住宅价格的影响研究 [D]．山西财经大学，2017.

[91] 刘学良，吴璟，邓永恒．人口冲击、婚姻和住房市场 [J]．南开经济研究，2016（1）：58-76.

[92] 周皓．中国人口流动模式的稳定性及启示——基于第七次全国人口普查公报数据的思考 [J]．中国人口科学，2021（3）：28-41，

126-127.

[93] 都阳，贾朋．劳动供给与经济增长［J］．劳动经济研究，2018，6（3）：3-21.

[94] 石士钧．加里·贝克尔92经济学王冠摘取者［J］．上海经济研究，1993（2）：47-48，50.

[95] 周小平，秦振扬，赵松，等．中国住宅地价房价比的空间格局、演变特征及影响因素——基于35个大中城市的空间计量分析［J］．中国土地科学，2019，33（1）：40-48.

[96] 谢杰，李鹏．中国农业现代化进程直接影响因素与空间溢出效应［J］．农业经济问题，2015，36（8）：42-48，111.

[97] 姜磊．论LM检验的无效性与空间计量模型的选择——以中国空气质量指数社会经济影响因素为例［J］．财经理论研究，2018（5）：37-50.

[98] 连玉君，王闻达，叶汝财．Hausman检验统计量有效性的Monte Carlo模拟分析［J］．数理统计与管理，2014，33（5）：830-841.

[99] 赵放，刘秉镰．行业间生产率联动对中国工业生产率增长的影响——引入经济距离矩阵的空间GMM估计［J］．数量经济技术经济研究，2012，29（3）：34-48.

致　谢

在我的博士论文即将付印时，我爱人对我说：“终于，38 年来你最用功和用心做的一件事要完美落幕了。”是啊，五年多，其中有 2/3 是零点休息，有 1/3 是凌晨三点以后才睡觉。不下功夫是读不出博士的。五年的博士经历，使我对数量经济学有了深入的了解，对自己跨学科读博士学位有了新的认知。一路走来，经历风雨，走过坎坷，回忆起这些年的点点滴滴，不禁热泪盈眶。感恩所有帮助过我的人，感谢大家的照顾，同我闯关，给我温暖，恩情难忘。感受最深的是：一个人的成功离不开贵人的帮助，导师、同学、家人、朋友都是我生命中的贵人，更是我读完博士学位的恩人。

万事开头难，只要肯攀登。2016 年 6 月，我考上了山西财经大学数量经济学博士，师从王拉娣导师。她是我走上科研的引路人。记得写第一篇文章时，刚写到 5000 字，竟没有了思路，所写内容也感到毫无新意。我跟王老师惭愧地说：“自己数学基础太差，模型做不出来，软件操作不在行，想打退堂鼓。”王老师说：“既来之，则安之。天下没有免费的午餐！搞科研写文章，没有诀窍，没有捷径，必须下功夫多读文献多历练，自力更生，艰苦奋斗。”她将理论与实践相结合，耐心细致地为我指点迷津，让我深受感动。按照王老师指导的方法一步一步做，果然有了很大进步。当我撰写的第一篇论文发表后，第一时间告诉王老师，她拍了拍我的肩膀，笑着跟我说：“功夫不负有心人，加油！”在王老师的指导下，我又连续发表 3 篇论文。在博士论文写作时，王老师从选题、总体思路、框架、研究方法等方面悉心指导。可以说，没有导师手把手的指导，我不可能完成这篇博士论文的写作。她渊博的知识、丰富的经验、学者的风范深深地感染着我，让我永远敬仰。同时，导师的爱人博士生导师张所地教授在房地产经济研究领域具有很深的学术造诣。他组建的不动产与创新团队中的陈治、赵华平、李斌、吉迎东等老师对我的论文都提出了建设性的意见，也给了我很多创作灵感。

读万卷书，行万里路。2019 年 1 月 8 日至 2020 年 1 月 6 日，我在英国雷丁大学（University of Reading）做访问学者。外方导师 Professor Carol Fuller 教我研究方法、国外期刊发表论文技巧等，生活中她像母亲一样，对我无微不至地关心照顾，令我终生难忘。她的智慧与勤奋、热情与开朗给我以极大的启迪和鼓励，是我永远的鞭策。伦敦大学学院（University College London）刘洁老师、雷丁大学的 Dr. Maria Kambouri 老师等，她们丰富的社会阅历、严谨的治学精神给我留下了深刻印象。博士生闫美伦、王哲等都给我以极大的帮助。

五年来，杭斌教授、孟勇教授、陈治教授、张雁玲教授、郭惠英教授和高艳云教授等老师，教会了我如何科学地使用计量经济学研究方法和相关知识，使我受益匪浅。

独学而无友，则孤陋而寡闻。在山西财经大学，师兄弟、师姐妹之间和谐友爱，其乐融融。安勇、范新英、周莉清、张清华、张琪、王荣、程小燕、闫娜娜、王剑杰、张婷婷、王艳等，我经常向他们请教，他们都会耐心细致地给我指导。尤其是大师兄安勇，为人谦慎，学术功底深厚，从模型选择、软件操作到理论指导，都给了我具体而详细的建议和帮助。

谁言寸草心，报得三春晖。如果没有父母帮我带孩子，我绝对不会考上博士学位，更不会完成博士论文。在赴英国学习临行前，我忧心忡忡，虽有强烈的求学之心，但是始终放不下家中的亲人。母亲坚定地对我说：“琴儿，你放心去学习吧，孩子有我呢!”知我者，父母也。父母不仅接过了所有家务，含辛茹苦、任劳任怨，还替我承担起了接送和辅导孩子的重任。他们是我的坚强后盾和力量源泉。

爱人陪伴左右，相濡以沫。爱人主动承担起了家庭琐事，在我感到迷惘之时，不厌其烦地帮我减压、给我打气，使我顺利渡过了一道道难关。孩子的健康成长、乖巧懂事增加了我克服困难的决心和勇气。

风雨兼程有君伴，千言万语诉不完。再次衷心感谢所有支持、关心、帮助我的领导、老师、同学、家人和朋友们！愿平安、快乐、健康、幸福永远伴随着你们！